새 연세한국어 듣기와 읽기 4-1

연세대학교 한국어학당 편

연세대학교 출판문화원

머리말

연세대학교 한국어학당은 1959년에 설립된 한국 최초의 외국어로서의 한국어 교육 기관이다. 연세대학교 한국어학당은 그간의 역사와 명성에 걸맞게 다양한 한국어 교재 편찬 및 관련 연구를 해 옴으로써 한국어 교육을 선도해 왔다. 지금까지 전 세계에서 온 약 147개국의 14만 명에 이르는 한국어 학습자들에게 한국어와 한국 문화를 가르쳐 왔으며, 최근에는 오프라인 한국어 교육뿐만 아니라 세계 각국의 한국어 학습자들을 대상으로 글로벌 온라인 대중 공개 강좌(MOOC)를 개설하여 학습자들로부터 큰 호응을 얻고 있다. 특히 최근 빠른 속도로 변화해 가는 교육 환경에 맞추어 새로운 교수법과 교수자료 개발에 힘을 기울이는 등 끊임없는 노력을 하고 있다.

연세대학교 한국어학당은 그간 일반 목적 한국어 학습자들뿐만 아니라 특수 목적 한국어 학습자들을 대상으로 정규과정, 단기과정, 대학 한국어 과정 등 다양한 교육과정을 개설 운영하면서 학습자의 요구에 부응하는 최상의 교재를 개발해 왔다. 이러한 교재들은 국내외의 한국어 교육 기관에서 교사와 학습자들의 다양한 요구를 충족시키며 양질의 한국어 교수·학습을 위해 널리 사용되고 있다.

연세대학교 한국어학당은 그간 가장 큰 호응을 받아 왔던 '연세한국어' 1급~6급의 뒤를 이을 새로운 교재로 '새 연세한국어' 시리즈를 기획 출간하게 되었다. 이 교재의 개발을 위해 한국어 교육 현장 경험이 풍부한 전문 한국어 교육학자 및 교사들이 대거 투입되었고 최상의 한국어 교수법 및 학습자 집단의 요구에 대한 이해를 바탕으로 개발 작업이 장기간에 걸쳐 수행되었다.

이번에 출간된 '새 연세한국어' 시리즈는 총 6단계로 각 단계마다 어휘와 문법 교재, 말하기와 쓰기 교재, 듣기와 읽기 교재로 구성되어 있다. '새 연세한국어 어휘와 문법'은 한국어 학습자들이 각 숙달도별로 가장 필수적으로 익혀야 하는 주요 어휘와 문법에 대한 이해와 활용을 중심으로 구성되었다. '새 연세한국어 말하기와 쓰기'는 원활한 한국어 의사소통을 위해 꼭 필요한 표현 기능을 수행할 수 있도록 말하기, 쓰기 과제를 중심으로 구성되었다. 또한 '새 연세한국어 듣기와 읽기'는 듣기, 읽기 과제를 중심으로 각 급별 숙달도에 적절한 이해 능력을 함양시킬 수 있도록 구성되었다. 이 세 권의 교재는 어휘·문법, 표현, 이해 능력의 고른 발달을 위해 패키지로 함께 사용될 수도 있고, 교육 현장 여건이나 학습자의 요구에 따라 별도로 사용될 수도 있다. 또한 어휘와 문법 교재의 경우 별도의 지침서가 무료로 제공되므로 교육 경험이 다소 부족한 국내외의 한국어 교사들에게 유용한 길잡이가 될 수 있을 것이다.

연세대학교 한국어학당은 앞으로도 전 세계의 한국어 학습자들의 요구와 기대에 부응하는 교재 개발을 위해 최선을 다할 것이다. 아울러 본 교재가 국내외에서 한국어 교육을 위해 노력을 아끼지 않는 많은 교사와 한국어 학습을 위해 노력하는 모든 학습자들에게 크게 도움이 되기를 바란다.

연세대학교 언어연구교육원

한국어학당 교재편찬위원회

일러두기

1 이 책은 <새 연세한국어 어휘와 문법4>, <새 연세한국어 말하기와 쓰기4>와 함께 한국어 중급 학습자들을 위한 교재이다.

2 이 책은 한국어 중급 학습자들이 한국어로 된 글과 말을 읽거나 듣고 이해할 수 있는 능력을 키우기 위해 구성된 이해 능력 개발 교재이다.

3 이 책은 총 20과이며 각 과는 2개 항으로 구성되어 총 40개 항이 있다. 그리고 2개 과마다 복습을 할 수 있도록 복습 10개 항을 구성했으며 2개 항마다 한국 문화에 대한 소개가 있다. 각 항은 각각 50분 수업 분량으로 이 책은 총 50개 항으로 구성되어 있다.

4 이 책의 각 항은 '제목, 학습 목표, 준비해 봅시다, 들어 봅시다(읽어 봅시다)/읽어 봅시다(들어 봅시다), 정리해 봅시다'의 3단계로 구성되었다. 이해 교재의 모든 항은 듣기와 읽기의 기능이 통합된 형태로 구성된다

5 각 과의 제목은 <새 연세한국어 어휘와 문법 4>와 동일하나 각 항의 제목은 해당 항의 내용을 대표할 수 있는 개념으로 항의 제목을 설정했다. 또한 제목 옆에 QR코드를 넣어 녹음된 내용을 쉽게 확인할 수 있도록 하였다.

6 학습 목표는 '-을 이해할 수 있다', 또는 ' ~ 관련 내용을 이해할 수 있다'와 같이 이해 기능이 드러나도록 기술했다.

7 '준비해 봅시다'는 각 항의 들어가기에 해당되며 해당 단원의 읽기와 듣기 내용의 이해를 돕기 위한 준비 단계이다. 단원의 주제와 내용에 대한 배경지식을 환기시키는 시각 자료의 제시와 간단한 듣기 또는 읽기 활동으로 구성된다.

8 '들어 봅시다'는 구어를 통해 실생활에서 활용가능한 의사소통 능력을 배양할 수 있도록 하였다. 듣기 지문의 경우 짧은 담화 듣기에서 시작하여 긴 담화 듣기로 듣기 단위를 순차적으로 확대하여 제시하였다. 담화는 일상생활 듣기뿐만 아니라 뉴스, 방송, 광고, 캠페인, 토론 등 공식적이고 사회적인 맥락까지 고려하여 제시하였다.

09 '읽어 봅시다'는 중급 단계의 학습 목표에 따라 일상생활에서의 문어 의사소통 능력을 향상시키는 데 초점을 두어 실생활에서 접할 수 있는 다양한 자료를 제시하였다. 또한 일상생활뿐만 아니라 사회적 맥락에서 접할 수 있는 다양한 실용문들을 읽고 내용을 파악하도록 하는 유형이 많다.

10 '정리해 봅시다'는 학습한 내용을 학습자 스스로 확인 및 점검을 하면서 다른 언어 능력과의 통합 교육을 통해 언어 능력을 강화하고자 설정한 부분이다. 이 부분에서는 학습 내용을 말하기, 듣기, 읽기, 쓰기 활동과 통합할 수 있도록 구성하였다.

11 '복습'에서는 선행 학습된 2개 과의 어휘와 문형, 주제를 활용할 수 있도록 읽기로 구성하였다. 각 항에서 배운 내용을 감안하여 읽기에 초점을 두고 다른 한 기능을 연계시켜 통합적인 학습이 가능하도록 유도하였다.

12 '문화'는 복습 항 마지막 부분에 문화 텍스트가 삽화 자료와 함께 제시된다. 문화 항목 중 이해 교재의 특성에 부합하는 내용을 선정하여 정보 문화 중심으로 구성하였다.

13 '부록'에는 듣기 지문과 정답 및 어휘 색인 목록을 제시하였다.

단원구성

과	제목	학습 목표	문법	문화
1과 건강한 생활	<1> 음식과 건강	음식과 건강에 대한 이야기를 듣고 이해할 수 있다.	-다가 보니까 -을 겸	한방차
	<2> 수면 습관	수면 습관에 대한 글을 읽고 이해할 수 있다.	도 이지만 -지요	
2과 한국어 학습	<1> 한국어 학습 동기와 목표	한국어 학습 동기와 목표에 대한 내용을 듣고 이해할 수 있다.	어찌나 -는지 -도록[1]	
	<2> 자신에게 맞는 학습 방법	자신에게 맞는 한국어 학습 방법에 대한 내용을 읽고 이해할 수 있다.	-을 게 아니라 -기에는	
3과 성격과 환경	<1> 나의 성격	성격에 대한 이야기를 듣고 이해할 수 있다.	-었던 것 같다 -더니[1]	시험과 선물
	<2> 성격에 대한 고민	성격에 대해 고민하는 글을 읽고 이해할 수 있다.	-는다고 해서[2] -처럼	
4과 나의 진로	<1> 진로 고민	진로에 대해 고민하는 이야기를 듣고 이해할 수 있다.	-고 보니까 -을 텐데	
	<2> 취업 박람회	취업 박람회 관련 기사를 읽고 이해할 수 있다.	-는지요? -는 경우에	
5과 생활 속의 경제	<1> 다양한 소비 형태	다양한 소비 형태에 대한 이야기를 듣고 이해할 수 있다.	-는걸요 -게요?	화폐박물관
	<2> 결제 방식의 변화	결제 방식의 변화에 대한 글을 읽고 이해할 수 있다.	-었어야 하다 -다가 보면	

과	제목	학습 목표	문법	문화
6과 의사 소통과 표현	<1> 일상생활 속의 불만	일상생활 속의 불만에 대한 내용을 듣고 이해할 수 있다.	까지 -더라고요	화폐박물관
	<2> 힘이 되는 말	격려하는 내용을 읽고 이해할 수 있다.	-는지 -겠지요	
7과 일상 생활	<1> 공공질서 지키기	공공질서에 대한 이야기를 듣고 이해할 수 있다.	-도록[2] 만이라도	이웃사촌
	<2> 제주도의 맛집	맛을 표현하는 내용의 글을 읽고 이해할 수 있다.	-길래 -던걸요	
8과 문제와 해결	<1> 수리 요청	수리 요청 관련 대화를 듣고 이해할 수 있다.	-는다 -는다 하는 것이 -는 수밖에 없다	
	<2> 작은 용기	이웃 간의 문제를 해결한 이야기를 읽고 이해할 수 있다.	-는 바람에 -어서야	
9과 정보화 사회	<1> 우리 사회의 가짜 뉴스	가짜 뉴스에 대한 이야기를 듣고 이해할 수 있다.	에 비해서 -을 수가 있어야지요	한국 최초의 전화기
	<2> 회사의 휴대 전화 사용 제한	회사의 휴대 전화 사용 제한에 대한 글을 읽고 이해할 수 있다.	에 따르면 -는다고 보다	
10과 현대인의 모습	<1> 일과 생활	일과 생활에 대한 내용을 듣고 이해할 수 있다.	만 아니면 -는 듯이	
	<2> 편리한 의사소통 수단	휴대 전화에 대한 내용을 읽고 이해할 수 있다.	-는 법이다 -는다고 할 수 있다	

차례

등장인물 | Main characters

에릭 파커
- 미국
- 한국어학당 학생
- 한국전자 직원

존 카마우
- 케냐
- 한국어학당 학생
- 교환학생

사토 유키
- 일본
- 한국어학당 학생
- 기자

리타오
- 중국
- 한국어학당 학생
- 대학 입학 예정자

노라 한슨
- 노르웨이
- 한국어학당 학생
- 대학원 입학 예정자

최주앙
- 브라질
- 한국어학당 학생
- 대학 휴학생

응웬 흐엉
- 베트남
- 한국어학당 학생

레오 마르탱
- 프랑스
- 한국어학당 학생
- 요리사

올리비아 스미스
- 호주
- 한국어학당 학생
- 외교관

이윤아
- 한국
- 대학생

정하늘
- 한국
- 대학생

김우진
- 한국
- 한국전자 직원

새 연세한국어

듣기와 읽기 4-1

01과 건강한 생활

1. 음식과 건강

MP3 / 01

• 학습 목표: 음식과 건강에 대한 이야기를 듣고 이해할 수 있다.

Ⅰ. 준비해 봅시다

1 오늘 아침에 무엇을 먹었는지 적어 봅시다. 아침을 배부르게 드셨습니까?

	아침 식사
김우진	 빵, 커피
이윤아	   밥, 고기, 계란프라이
나	

2 다음은 무엇을 소개하는 글입니까? (　　)

김예진 박사의 책 '음식과 건강'이 출판되었다. 이 책에서 김예진 박사는 아침은 왕처럼, 점심은 평범한 사람들처럼, 저녁은 거지처럼 먹어야 한다면서 아침은 배부르게, 점심은 적당히, 저녁은 가볍게 먹어야 건강과 체중을 유지할 수 있다고 한다. 특히 아침을 먹지 않으면 점심에 과식을 하게 되어서 살이 찔 가능성이 더 높아지기 때문에 아침을 잘 챙겨 먹어야 한다고 강조한다.

① 김예진 박사
② 건강에 좋은 음식
③ 새로 나온 책의 내용
④ 아침 식사로 좋은 음식

II. 들어 봅시다

[1] 듣고 질문에 답하십시오.

1 남자는 무엇에 대해서 이야기하고 있습니까? (　　)

① 배달이 되는 야식
② 야식으로 좋은 음식
③ 야식이 필요한 이유
④ 밤늦게 먹으면 안 되는 음식

[2~3] 듣고 질문에 답하십시오.

2 제철 음식의 장점으로 맞는 것 2가지를 골라서 ✔ 하십시오.

□ 가격이 싸다.
□ 종류가 많다.
□ 영양이 풍부하다.
□ 요리 시간을 줄일 수 있다.

3 들은 내용과 다른 것을 고르십시오. (　　)

① 생선은 알을 낳을 때가 제철이다.
② 과일은 나무에 열매가 열리는 때가 제철이다.
③ 요즘은 비닐하우스가 있어서 제철 음식이 없다.
④ 요즘 사람들은 바빠서 음식을 챙겨 먹기가 쉽지 않다.

부담을 주다　포만감　제철　시기　비닐하우스　자연적　새순　열매

[4~6] 듣고 질문에 답하십시오.

4 한국 사람들이 다른 나라 사람들보다 소금을 많이 먹는 이유는 무엇입니까? (　　　)

① 한국 사람들이 국과 탕을 많이 먹기 때문에
② 한국 사람들이 7시 전에 저녁을 먹기 때문에
③ 한국에는 고혈압 환자가 다른 나라보다 적기 때문에
④ 한국 사람들이 하루 세 끼를 다 잘 챙겨서 먹기 때문에

5 소금을 많이 먹으면 생기는 증상으로 어머니가 말하지 <u>않은</u> 것을 고르십시오. (　　　)

① 체중이 는다.
② 몸이 붓는다.
③ 소화가 잘 안 된다.
④ 위 건강에 좋지 않다.

6 어머니의 생각으로 맞는 것을 고르십시오. (　　　)

① 저녁 7시 전에 식사를 하는 것이 좋다.
② 건강에 대한 신문 기사를 많이 읽어야 한다.
③ 건강을 위해서 국과 탕을 많이 먹을 수 있다.
④ 가족의 건강을 위해서 소금을 덜 사용하는 것이 좋다.

고혈압　세계보건기구(WHO)　위암

여러분 나라 사람들이 먹는 건강에 좋은 음식이 있으면 이야기해 봅시다.

일본의 낫토

인도의 렌틸콩

스페인의 올리브유

01과 건강한 생활

2. 수면 습관

MP3 02

• 학습 목표: 수면 습관에 대한 글을 읽고 이해할 수 있다.

Ⅰ. 준비해 봅시다

1 여러분은 하루에 몇 시간 주무십니까? 잠을 자는 시간이 충분하다고 생각하십니까?

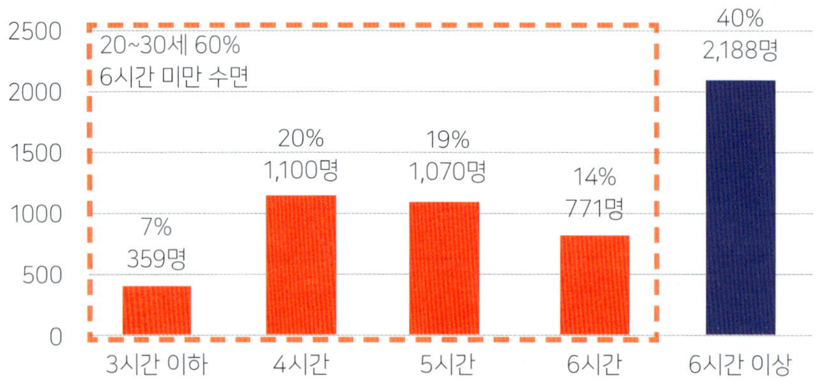

2 듣고 빈칸을 채우십시오.

순위	%	잠들지 못하는 이유
1위	27%	
2위		늦은 시간까지 계속되는 모임
3위	10%	취업을 위한 스펙 쌓기

잠들다

II. 읽어 봅시다

다음 글을 읽고 질문에 답하십시오.

수면 시간은 우리 삶의 1/3을 차지하기 때문에 건강한 생활을 위해서는 숙면이 매우 중요하다. 밤에 적당한 시간 동안 푹 잘 자면 낮에 활동하면서 쌓인 피로가 풀리고 낮에 있었던 안 좋았던 기억들을 잊을 수 있다. 그리고 일상생활을 위한 에너지도 보충된다.

일반적으로 전문가들은 성인의 적정 수면 시간으로 약 7~8시간을 권하고 있다. 적정 수면 시간이란 아침에 깼을 때 피곤하지 않고 낮에 활동하면서 졸리지 않을 만큼의 수면 시간을 말하는데 그 시간보다 너무 적게 잔 사람은 적정 시간 동안 잠을 잔 사람보다 감기 등 병에 걸릴 가능성이 3배 이상 높고 살이 찔 위험도 높다고 한다. 반대로 적정 시간보다 잠을 너무 많이 잔 사람은 적정 시간 동안 잠을 잔 사람보다 사망률이 높은 것으로 조사되었다.

수면 시간도 수면 시간이지만 수면의 질도 중요하다. 잠을 푹 잘 자지 못한다면 적정 수면 시간 동안 잠을 충분히 자도 피곤을 느낄 수 있기 때문이다. 그렇다면 수면의 질을 높이기 위해서 어떤 노력을 할 수 있을까?

첫째, 매일 일정한 시간에 잠들고 일어나야 한다. 잠드는 시간과 일어나는 시간을 정하고 그 시간에서 1시간 이상 차이가 나지 않는 것이 좋다. 습관을 들이기까지 힘들 수 있지만, 일단 습관이 몸에 배면 일어나는 시간과 잠드는 시간을 지키는 것이 쉬워질 것이다. 둘째, 잠자기 6시간 전부터는 카페인이 들어 있는 음료나 음식을 먹지 말아야 한다. 카페인에는 숙면을 방해하는 각성 효과가 있고 이것은 약 4~6시간 계속되기 때문에 오후에는 카페인이 들어 있는 커피나 녹차, 초콜릿 등은 안 먹는 것이 좋다. 셋째, 자기 전에 휴대 전화를 사용하지 말아야 한다. 많은 전문가들이 휴대 전화를 많이 사용할수록 수면의 질이 떨어진다는 연구 결과를 발표했다. 휴대 전화에서 나오는 빛 때문에 수면을 돕는 호르몬(멜라토닌)이 우리 몸에서 잘 나오지 않게 되고, 따라서 잠들기 전에 휴대 전화를 사용하면 잠들기 어렵고 잠이 들어도 푹 잘 자기 힘들다.

'잠이 보약'이라는 말이 있다. 잠을 잘 자면 그만큼 건강하다는 뜻이다. 특별한 보약을 챙겨 먹지 않아도 적정 수면 시간 동안 푹 잘 잘 수 있다면 피곤한 몸과 마음을 회복하고 다음 날을 힘차게 시작할 수 있을 것이다.

차지하다 숙면 보충되다 사망률 충분히 일정하다 습관을 들이다 일단 몸에 배다 방해하다 카페인 각성 효과 호르몬 보약 힘차다

1 이 글을 쓴 목적은 무엇입니까? (　　　)

① 정보를 주기 위해서
② 느낌을 표현하기 위해서
③ 경험을 이야기하기 위해서
④ 날마다 있었던 일을 기록하기 위해서

2 글쓴이의 생각으로 맞는 것을 고르십시오. (　　　)

① 건강을 위해서 잠을 많이 자야 한다.
② 수면 시간은 수면의 질보다 더 중요하다.
③ 수면 시간뿐만 아니라 수면의 질도 중요하다.
④ 수면의 질을 높이기 위해 보약을 먹어야 한다.

3 이 글의 내용과 다른 것을 고르십시오. (　　　)

① 휴대 전화에서 나오는 빛은 숙면을 방해한다.
② 카페인에는 숙면을 방해하는 각성 효과가 있다.
③ 적정 수면 시간보다 잠을 많이 자는 것은 문제가 없다.
④ 아침에 규칙적으로 일어나는 것이 숙면에 도움이 된다.

4 이 글을 읽고 잠을 푹 잘 자기 위한 방법 세 가지를 찾아서 쓰십시오.

1)	
2)	
3)	

Ⅲ. 정리해 봅시다

여러분은 어떤 유형인지 이야기해 봅시다.

당신의 유형은?	말해 봅시다

시작

밤에 잠이 잘 드나요?

네

밤에 잠이 잘 듭니다

→ 특별한 방법이 있으면 이야기해 봅시다.

아니요

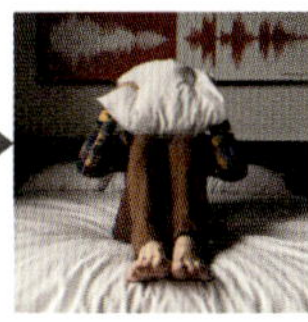

밤에 쉽게 잠들지 못합니다

밤에 하고 싶은 일이 있습니다

→ 밤에 잠을 자는 대신에 하는 일은 무엇입니까?
(게임, 독서, 영화 감상...)
그 일을 낮에 할 수 있는 방법을 찾아봅시다.

침대에 누워서 잠을 자려고 노력해도 잠들기 어렵습니다

→ 이유가 무엇이라고 생각합니까?
(고민, 걱정, 힘든기억...)
잠을 잘 잘 수 있는 방법을 찾아봅시다.
(음악, 우유, 수면제...)

유형 수면제

02과 한국어 학습

1. 한국어 학습 동기와 목표

MP3 / 03

• 학습 목표: 한국어 학습 동기와 목표에 대한 내용을 듣고 이해할 수 있다.

Ⅰ. 준비해 봅시다

1 외국어를 배우면 무슨 장점이 있을까요? 이야기해 봅시다.

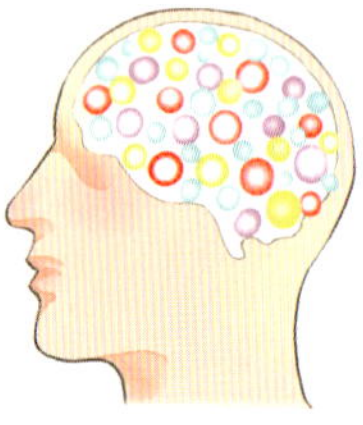

2 다음 글을 읽고 내용과 다른 것을 고르십시오. (　　)

학습 동기에는 두 가지가 있다. 먼저 재미, 흥미, 즐거움 같이 학습하는 사람의 마음속에서 자연스럽게 나오는 동기가 있다. 반대로 돈이나 취직, 자격증, 남에게 받는 칭찬 같이 밖에서 주어지는 결과가 동기가 되는 경우도 있다.

하지만 이 둘은 확실히 나눌 수 없다. 취직이나 자격증 때문에 공부를 시작한 사람들도 즐거움을 느끼지 못하면 오랫동안 공부할 수 없기 때문이다. 또 즐거움과 흥미 때문에 공부하는 사람들도 좋은 결과를 얻기 위해서는 목표가 필요하다.

① 학습 동기에는 두 가지가 있다.
② 밖에서 주어지는 학습 동기가 있다.
③ 마음속에서 나오는 학습 동기가 있다.
④ 두 가지 학습 동기를 모두 가질 수 없다.

동기

II. 들어 봅시다

[1] 듣고 질문에 답하십시오.

1 두 사람이 이번 학기에 세운 목표는 무엇입니까? 쓰십시오.

노라	
주앙	

[2~3] 듣고 질문에 답하십시오.

2 쓸 기회가 많지 않은 외국어를 배우는 사람들에 대한 설명으로 맞는 것을 고르십시오. (　　)

① 외국어를 배울 때 스트레스가 풀린다.
② 직업과 관계가 있어서 외국어를 배운다.
③ 그 나라를 여행하고 싶어서 외국어를 배운다.
④ 이 사람들에게는 외국어를 배우는 동기가 없다.

3 맞는 것끼리 연결하십시오.

①

이탈리아어

②

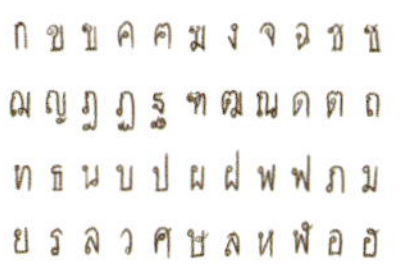

태국어

③

그리스어

글자가 예쁘다.　　소리가 아름답다.　　신들의 이야기를 좋아한다.

능력　단순히　산스크리트어　라틴어　에스페란토어

[4~6] 듣고 질문에 답하십시오.

4 선생님은 무엇에 대한 이야기를 하고 있습니까? (　　　)

① 한국어 공부 방법
② 계획을 세우는 방법
③ 목표를 이루는 방법
④ 한국 회사에 취업하는 방법

5 선생님이 이야기한 것에 모두 ✔ 하십시오.

☐ 시작이 중요하다.
☐ 가능한 목표를 세운다.
☐ 재미있는 것만 공부한다.
☐ 중요한 일부터 시작해야 한다.

6 들은 내용과 같은 것을 고르십시오. (　　　)

① 상상력이 있으면 한국어를 잘한다.
② 계획을 잘 세우는 것이 가장 중요하다.
③ 한국어를 배울 때 피, 땀, 눈물을 많이 흘린다.
④ 한국 회사에 취직하려면 말하기, 듣기를 좀 더 공부해야 한다.

III. 정리해 봅시다

한국어 학습에 대해 친구와 같이 이야기해 봅시다.

한국어를 배우게 된 동기는 무엇입니까?

지금 계획대로 잘 하고 있습니까?

목표를 이룬 자신의 모습을 상상해서 이야기 해 봅시다.

02과 한국어 학습

2. 자신에게 맞는 학습 방법

MP3 / 04

• 학습 목표: 자신에게 맞는 한국어 학습 방법에 대한 내용을 읽고 이해할 수 있다.

Ⅰ. 준비해 봅시다

1 여러분은 한국어를 어떻게 공부하는 것이 효과적이었습니까? 이야기해 보십시오.

저는 한국 노래를 좋아하는데 노래가 한국어 공부에 많은 도움이 되었어요.

저는 하루에 단어를 10개씩 쓰면서 외우는데 이렇게 하면 단어가 잘 외워져요.

저는 사람들을 만나는 걸 좋아해서 한국 친구들과 모임을 자주 하는데 한국어가 많이 늘었어요.

2 듣고 한국어 공부 방법에 대한 제임스 씨의 조언을 고르십시오. (　　)

① 한국어를 전공해야 한다.
② 한국어에 흥미를 느껴야 한다.
③ 다른 사람을 가르쳐 봐야 한다.
④ 실수를 걱정하지 말고 말해야 한다.

Ⅱ. 읽어 봅시다

1 다음 글을 읽고 질문에 답하십시오.

하워드 가드너 교수는 전통적인 지능 검사가 사람의 능력을 제대로 평가하기에는 부족하다면서 사람에게는 언어, 음악, 자기이해, 수리, 시각 공간, 인간관계, 신체 운동, 자연의 8가지 지능이 있다고 주장한다. 그의 주장에 따르면 8가지 지능 중 사람마다 뛰어난 지능이 다르기 때문에 성공적인 학습을 위해서는 개인의 특성을 살려서 그에 맞는 교육을 해야 한다. 이것을 이용한 학습자 중심의 한국어 학습 방법에는 다음과 같은 것들이 있다.

먼저 언어 지능이 뛰어난 사람들은 말을 잘하고 글도 잘 쓴다. 따라서 한국어 학습에 다른 사람들보다 좋은 점이 많은데 독서를 하거나 독후감을 쓰면서 공부하는 것이 좋다. 또 책을 요약해서 발표하는 말하기 연습을 하는 것도 좋다. 둘째, 노래를 좋아하고 잘 부른다면 음악 지능이 높은 것인데 이 경우 가요가 학습에 도움이 된다. 뛰어난 음악 감각을 활용해서 암기하기 어려운 표현을 노래나 랩(rap)으로 만들어 외우거나 가사를 바꿔 불러 보는 것도 좋은 방법이다. 셋째, 혼자 생각하고 공부하는 것을 좋아한다면 자기이해 지능이 높은 것이다. 하지만 사람들과 잘 어울리지 않는 편이므로 자기 생각과 느낌을 항상 메모하거나 일기를 쓰는 것이 좋다. 넷째, 수리 지능이 뛰어나다면 상상력이 필요한 이야기보다 과학적이고 사실적인 내용으로 공부하는 것이 좋다. 확실하고 분명한 것을 좋아하기 때문에 '옛날에' 보다 '이백년 전에'와 같이 숫자로 설명하거나 퀴즈를 내면서 말하기를 연습할 수 있다. 다섯째, 시각 공간 지능이 뛰어난 학습자들은 사진, 그림, 지도 같은 시각 자료들을 눈으로 볼 때 가장 효과적으로 배운다. 듣기를 할 때도 이미지를 잘 활용해서 내용을 추측해 보고 말하기를 할 때에도 드라마나 영화에서 배우가 말하는 것을 보며 직접 따라 하면 재미있게 공부할 수 있다. 여섯째, 인간관계 지능이 뛰어난 학습자들은 사람들과 교류하는 것을 즐기므로 다른 사람을 가르치거나 모임을 통해서 말하는 연습을 한다. 일곱째, 신체 운동 지능이 높은 학습자들은 사물을 만지고 몸을 움직일 때 가장 학습 효과가 잘 나타난다. 연극을 통해 말하기 연습을 하고 체험 학습을 가거나 단어 카드를 만들어 보는 것도 좋다. 마지막으로 자연 지능이 뛰어난 사람들은 야외로 나가 공부하거나 동물이 주인공인 책을 읽으면 효과적이다.

효과적인 학습을 위해서는 자신의 학습 특성에 맞는 방법을 찾는 것이 중요하다. 그렇게 공부하면 흥미를 유지하면서 공부할 수 있고 점차 실력이 늘 것이다.

지능　수리　인간관계　주장하다　뛰어나다　요약하다　가요　암기하다　퀴즈
분명하다　교류하다

1 이 글의 내용과 다른 것을 고르십시오. (　　)

① 사람마다 특별히 뛰어난 지능이 있다.
② 개인의 특성을 살린 학습 방법이 중요하다.
③ 8가지 지능을 이용한 다양한 공부 방법이 있다.
④ 전통적인 지능 검사 점수가 높아야 외국어 학습에 성공한다.

2 이 글의 내용과 같으면 O, 다르면 X 하십시오.

1) 음악 지능이 높으면 음악을 들으면서 공부하는 것이 좋다. (　　)
2) 수리 지능이 뛰어나면 상상하면서 말하는 것이 효과적이다. (　　)
3) 전통적인 지능 검사로는 뇌의 다양한 기능을 검사할 수 없다. (　　)

3 어울리는 학습 방법을 고르십시오.

지능	언어	음악	자기 이해	수리	시각 공간	인간 관계	신체 운동	자연
학습 방법	③			⑤				②

① 연극하기　② 야외학습　③ 독서　④ 가르치기
⑤ 퀴즈　⑥ 랩　⑦ 일기　⑧ 영화 보기

4 이 사람은 어떻게 공부하면 좋을까요? (　　)

저는 웹디자이너인데 홈페이지 화면의 그림이나 동영상을 디자인하는 일을 합니다. 그림을 좋아하고 잘 그려서 일이 적성에 맞고 재미있습니다. 요즘 일 때문에 한국어를 공부하고 있는데 급이 올라갈수록 한국어가 어려워집니다.

① 한국 노래를 많이 듣는다.
② 드라마를 보면서 공부한다.
③ 받아쓰며 듣는 연습을 많이 한다.
④ 여러 모임에 참석해 사람들과 이야기한다.

III. 정리해 봅시다

다음은 다중지능 검사입니다. 해당되는 것에 ✔ 하십시오.

다중지능 검사

1점 전혀 그렇지 않다/ **2점** 별로 그렇지 않다/ **3점** 보통이다/ **4점** 대체로 그렇다/ **5점** 매우 그렇다.

	1	2	3	4	5
1. 글을 논리적으로 설득력 있게 쓴다.					
2. 실험하는 것을 좋아한다.					
3. 악보를 보고 노래할 수 있다.					
4. 그림 그리기를 좋아한다.					
5. 평소에 몸을 움직이며 활동하는 것을 좋아한다.					
6. 친구나 가족의 고민을 잘 들어 준다.					
7. 자신의 건강 상태나 감정을 잘 알 수 있다.					
8. 동물이나 식물을 좋아하고 잘 돌본다.					
9. 책이나 신문의 내용을 잘 이해한다.					
10. 학교 다닐 때 수학이나 과학 과목을 좋아했다.					
11. 취미 생활로 악기 연주나 음악 감상을 즐긴다.					
12. 길이나 넓이를 비교적 정확히 알아맞힌다.					
13. 운동을 잘한다는 말을 자주 듣는다.					
14. 다른 사람들 앞에서 발표를 잘 한다.					
15. 나를 돌아보고 계획적으로 산다.					
16. 환경 문제를 해결할 수 있는 방법을 많이 알고 있다.					

여러분은 어떤 지능이 뛰어날까요? 합계 점수가 높을수록 뛰어난 지능, 낮을수록 부족한 지능입니다.

문항	1	2	3	4	5	6	7	8
점수								
문항	9	10	11	12	13	14	15	16
점수								
합계								
다중 지능	언어	수리	음악	시각 공간	신체 운동	인간 관계	자기 이해	자연

설득력 악보 넓이

복습

1 다음 글을 읽고 질문에 답하십시오.

음식 치료사 강연정 씨를 만나다

사람들은 요즘 몸에 좋은 음식에 관심이 많다. 텔레비전 프로그램에서 몸에 좋은 음식이 소개되면 그 다음날 그 음식은 동이 난다. 하지만 다음날은 또 다른 음식이 소개되고 사람들의 관심은 다시 옮겨 간다. 그렇다면 몸에 좋은 음식이란 무엇일까? 다른 사람들에게 좋은 음식이 나에게도 좋은 음식일까? 신사동의 한 식당에서 음식 치료사, 강연정 씨를 만났다.

음식 치료사란 식품의 영양과 맛, 조리법을 고려해서 개인의 건강에 맞는 음식과 식사 방법을 처방해 주는 전문가이다. 강 씨는 대학에서 식품영양학을 공부하고 졸업 후에는 잡지사에서 음식에 관한 기사를 쓰는 기자로 일했다. 그리고 2년 동안 식당을 운영하기도 했다. 그녀는 음식 치료사가 된 계기에 대해서 다음과 같이 말했다. "밥이 보약이라는 옛말이 있잖아요. 제 식당에 오시는 손님들의 건강을 지켜드리고 싶었어요. 그래서 계절에 따른 음식과 후식을 준비했죠. 손님들이 우리 식당에 다닌 이후로 건강해졌다고 말씀하셨어요. 저에게 음식에 관한 질문도 많이 하셨죠. 이렇게 손님들과 이야기하다 보니까 욕심이 생겼어요. 손님의 건강 상태에 맞는 좋은 음식과 조리법을 추천해 드리고 싶었어요. 그래서 음식 치료사 공부를 시작했어요."

강 씨는 좋은 음식이 무엇이냐는 질문을 많이 받는다. 그녀는 사람에 따라 다르다고 답했다. "저는 먼저 몸의 특징을 생각해요. 몸이 차가운 사람은 따뜻한 성질을 가진 재료를, 반대로 몸이 따뜻한 사람은 차가운 성질의 재료로 만든 음식을 먹는 것이 좋아요. 돼지고기, 사과, 전복은 차가운 성질의 재료예요.

동이 나다　처방하다　계기　조리법　식품영양학　성질　전복

닭고기는 따뜻한 성질의 재료지요. 그리고 병이 있는지를 생각해요. 예를 들면 수박은 비타민과 칼륨이 많아 소화를 돕고 암에 걸리지 않게 하는 효과가 있지만 너무 달아서 당뇨병 환자에게는 적당하지 않은 과일이에요."

그녀는 음식에 대해서 이해하고 자신에게 필요한 음식을 선택하는 것이 중요하다고 했다. 이를 위해서 음식과 건강에 대한 강연을 자주 하고 책도 꾸준히 내고 있다. 또 예약을 받아 상담시간을 갖고 건강 상태, 식습관 등을 살펴보고 개인에게 맞는 식사 방법을 알려 준다.

'음식으로 못 고치는 병은 약으로도 고칠 수 없다.'는 히포크라테스의 말이 있다. 음식이 건강의 시작이다. 지금 바로 나에게 맞는 음식을 찾아서 식사를 시작해 보는 것이 어떨까?

임혜지 기자

1. **다음 중 강연정 씨에 대한 설명으로 이 글과 다른 것은 무엇입니까? ( )**

① 조리법도 건강에 영향을 끼친다고 생각한다.
② 대학 졸업 후에 계속 음식과 관계있는 일을 했다.
③ 따뜻한 성질의 음식이 몸에 좋은 음식이라고 생각한다.
④ 자신에게 맞는 재료를 선택하는 것이 중요하다고 말한다.

2. **강연정 씨가 하는 일에 모두 ✔ 하십시오.**

☐ 건강과 음식에 관한 강연하기
☐ 아픈 사람들을 위해 건강식 만들기
☐ 병을 낫게 하는 좋은 재료 찾아 다니기
☐ 건강한 식사 방법을 알고 싶어 하는 사람과 상담해 주기

칼륨

복습

3. **이 기사를 바르게 이해한 사람은 누구입니까? (　　　)**

① 유키: 몸에 좋은 음식은 많이 먹어야 건강에 좋아.

② 에릭: 역시 신선한 재료로 만든 음식을 먹는 것이 중요해.

③ 윤아: 난 추위를 많이 타니까 삼계탕이 나에게 맞는 음식이네.

④ 주앙: 어제 TV를 봤는데 양파가 몸에 좋다고 하더라. 같이 사러 가자.

4. **'음식 치료사'를 만나면 무엇을 물어보고 싶습니까? 쓰고 이야기해 봅시다.**

한방차

여러분 한방차를 아십니까? 한방차는 한약을 만들 때 쓰는 재료로 끓인 차입니다. 약이니까 쓸 것 같다고요? 아닙니다. 단맛이 나는 재료를 넣고 끓여서 맛있는 한방차들도 많답니다. 여러 가지 증상으로 아플 때 한국 사람들은 약 대신에 이 한방차를 마시기도 합니다. 그중 몇 가지를 소개하겠습니다. 먼저 감기에 걸려서 열이 날 때는 생강차를 끓여 마시면 좋습니다. 기침이 날 때는 모과차가 좋고 유자차를 많이 마시면 감기에 걸리지 않는다고 합니다. 소화가 안 될 때는 매실차를 드셔 보십시오. 바로 효과를 볼 수 있을 것입니다. 변비에는 보리차, 손과 발이 찰 때는 계피차가 좋습니다. 몸에도 좋고 맛도 좋은 한방차! 여러분은 어떤 차를 마셔 보고 싶습니까?

생강	모과	유자	보리

1. **한방차란 무엇입니까?**

2. **여러분의 나라에도 건강에 좋은 차가 있습니까? 어떤 효과가 있습니까?**

03과 성격과 환경

1. 나의 성격

MP3 / 05

• 학습 목표: 성격에 대한 이야기를 듣고 이해할 수 있다.

Ⅰ. 준비해 봅시다

1 여러분의 성격은 어떻습니까?

2 다음 글은 무엇에 대해서 이야기하고 있습니까? (　　)

여러분이 좋아하는 색은 무엇입니까?
스위스의 한 학자가 재미있는 연구를 했습니다. 그의 연구 결과는 다음과 같습니다. 노란색을 좋아하는 사람은 마음이 따뜻하지만 고집이 센 편이라고 합니다. 파란색을 좋아하는 사람은 친절하지만 예의를 너무 중요하게 생각해서 다른 사람을 피곤하게 할 때가 있다고 합니다. 빨간색을 좋아하는 사람은 다른 사람보다 에너지가 더 많은 사람입니다. 그렇지만 다른 사람과 생각이 다를 때 쉽게 싸우기도 합니다. 검은색을 좋아하는 사람은 자신의 일을 열심히, 정확하게 하는 사람입니다. 그래서 다른 사람의 실수를 이해하지 못할 때가 있다고 합니다. 흰색을 좋아하는 사람은 부드럽고 깔끔한 사람입니다. 그러나 자신의 감정을 잘 표현하지 못하는 편이라고 합니다.
어떻습니까, 여러분? 이 결과가 맞는 것 같습니까?

① 색의 종류와 특징
② 좋아하는 색과 성격의 관계
③ 색이 사람의 감정에 주는 영향
④ 사람마다 좋아하는 색이 다른 이유

Ⅱ. 들어 봅시다

[1] 듣고 질문에 답하십시오.

1 남자의 이야기를 듣고 여자가 남자에게 할 수 있는 말은 무엇입니까? (　　)

① 정말 꼼꼼하구나.
② 그렇게 덜렁거리지 마.
③ 넌 너무 소극적인 것 같아.
④ 넌 성격이 너무 느긋해서 문제야.

알람　떨어지다　꼼꼼하다　덜렁거리다　소극적이다　느긋하다

[2~3] 듣고 질문에 답하십시오.

2 들은 내용과 다른 것을 고르십시오. (　　　)

① 윤아는 어렸을 때 소극적이었다.
② 윤아는 축구 동아리 활동을 한 후 활발한 성격이 되었다.
③ 영화의 주인공들은 다양한 경험을 한 후 적극적인 성격으로 바뀌었다.
④ 오랜만에 만난 영화의 두 주인공은 외모는 비슷했지만 성격은 달랐다.

3 윤아와 같은 생각을 가진 사람은 누구입니까? (　　　)

① 흐엉: "성격이 바뀌면 얼굴도 바뀌어."
② 하늘: "환경에 따라서 성격은 바뀌는 것 같아."
③ 에릭: "조용한 것보다는 활발한 성격이 더 좋아."
④ 우진: "성격이 좋아지려면 여러 가지 경험을 쌓아야 해."

[4~6] 듣고 질문에 답하십시오.

4 교수님에 대한 이야기로 들은 내용과 다른 것은 무엇입니까? (　　　)

① 활발하고 적극적인 편이다.
② 올해 처음으로 인기 교수가 되었다.
③ 한 달에 두 번 330호에서 상담을 한다.
④ 교수님도 신입생이었을 때 학교생활에 어려움이 있었다.

5 교수님이 생각하는 요즘 학생들의 모습이 아닌 것은 무엇입니까? (　　　)

① 중고등학생들이 수동적인 생활을 하는 편이다.
② 부모님이 만들어 준 시간표를 지키는 것에 어려움을 느낀다.
③ 대학생이 되어 환경이 변화되면서 힘들어하는 학생들이 많다.
④ 대학생들은 중고등학생보다 혼자 결정해야 할 일이 많다.

쌍둥이　자매　입양　내성적이다　적극적이다　울먹거리다　활발하다
수동적이다　얻다　저절로

6 신입생들의 즐거운 대학 생활을 위해서 교수님이 추천한 방법으로 맞는 것에 모두 ✔ 하십시오.

- ☐ 상담을 신청한다.
- ☐ 동아리에 가입한다.
- ☐ 학과사무실을 자주 방문한다.
- ☐ 친구와 함께 결정하는 연습을 한다.

정리해 봅시다

여러분은 어떤 성격의 사람을 좋아합니까? 그 이유는 무엇입니까? 다음의 단어들을 이용하여 이야기해 봅시다.

내성적이다	적극적이다	급하다	느긋하다
주도적이다	활발하다	꼼꼼하다	덜렁거리다

03과 성격과 환경

2. 성격에 대한 고민

MP3 / 06

• 학습 목표: 성격에 대해 고민하는 글을 읽고 이해할 수 있다.

Ⅰ. 준비해 봅시다

1 성격에 따라 어울리는 직업이 있을까요? 다음 직업 중 내성적인 사람에게 어울리는 직업은 무엇일까요?

작가 디자이너 연구원

연예인 선생님 요리사 사업가

2 김 박사님께 상담을 받을 수 있는 두 가지 방법은 무엇입니까? 듣고 쓰십시오.

Ⅱ. 읽어 봅시다

다음 글을 읽고 질문에 답하십시오.

Happy
Mind Center

로그인 | 블로그 | 홈

글쓴이: 행복912

Q.

김 박사님, 안녕하세요. 서울 광진구에 살고 있는 25살의 여자입니다.

저는 유치원에 취직이 되어서 이 주일 전부터 유치원에서 아이들을 가르치고 있습니다. 그런데 이 일이 제 성격과 맞지 않는 것 같아서 걱정이 많습니다.

저는 어렸을 때부터 내성적이고 소심한 성격이었어요. 수업 시간에 선생님이 무언가를 물어보셨을 때 알고 있는 것인데도 부끄러워서 대답하지 못했던 경우가 많았어요. 장기자랑 시간에도 너무 떨려서 아무것도 하지 못하고 친구들을 보기만 했어요.

제 어머니는 유치원 선생님이셨어요. 그래서 저도 어머니처럼 유치원 선생님이 되고 싶었어요. 내성적인 성격이기는 하지만 아이들을 좋아하니까 문제 없을 거라고 생각했어요.

그런데 이 일은 제가 생각했던 것보다 어려워요. 활발한 사람에게 어울리는 일이라는 생각이 자꾸 들어요. 일을 시작한 지 이 주일이 지났는데 아직도 아이들 앞에 서면 목소리가 떨리고 얼굴이 빨개져요. 노래를 하거나 큰 소리로 책을 읽어야 할 때는 더 심해요. 제가 재미있는 수업을 해 주지 못하는 것 같아서 아이들에게 너무 미안해요.

제가 좋은 선생님이 될 수 있을까요? 타고난 성격을 바꾸는 것이 쉬운 일은 아니겠지만 이 일을 계속하려면 저는 어떤 노력을 해야 할까요?

A.

안녕하세요. 요즘 걱정이 많으시군요! 그런데 행복912님, 미국인들에게 가장 존경받는 대통령 중의 한 명인 에이브러햄 링컨, 페이스북의 창시자 마크 저커버그, 이 사람들의 공통점을 아시나요? 이들은 모두 내성적인 사람이었어요. 훌륭한 지도자 중에는

소심하다 빨개지다 타고나다 창시자 공통점 지도자

내성적인 사람이 많아요. 내성적인 사람은 자기 자신에 대해서 한 번 더 생각하는 사람이고 자신의 행동을 다시 살펴보는 사람이에요. 자신을 돌아보는 사람이 발전할 수 있어요. 행복912님은 지금 좋은 선생님이 되기 위해서 자신을 돌아보고 있는 것이지요. 내성적인 사람이었던 링컨이 여러 사람 앞에 나서서 나라를 이끄는 훌륭한 지도자가 되었던 것처럼 행복912님도 노력을 멈추지 않는다면 좋은 선생님이 될 수 있어요.

그럼 좋은 유치원 선생님이 되기 위해서 지금 행복912님에게 필요한 것은 무엇이고 또 어떠한 노력을 해야 할까요?

우선, 수업할 내용을 틀리지 않을 때까지 반복해서 연습하세요. 연습할 때는 머리로만 할 것이 아니라 직접 노래도 불러 보고 이야기도 해 보는 것이 좋아요. 내용을 완벽하게 알고 있으면 자신있게 수업을 할 수 있을 거예요.

다음으로, 수업할 장소에 익숙해질 수 있도록 그곳에 직접 가서 연습해 보세요. 그곳에서 내 수업을 들을 아이들의 얼굴을 머릿속에 그리면서 연습하는 것도 좋은 방법입니다. 내일 그곳은 행복912님에게 조금 더 편안한 장소가 되어 있을 거예요.

또 여러 사람 앞에서 말하는 것에 익숙해질 수 있도록 가족이나 친구 앞에서 연습해 보세요. 발표하는 경험이 많아질수록 두려움이 없어질 거예요.

마지막으로 자신을 긍정적으로 바라보도록 노력하세요. 행복912님은 아이들을 좋아하고 좋은 선생님이 되기 위해서 고민하고 있어요. 이것만으로도 이미 훌륭한 선생님이에요.

행복912님, 성격을 바꿀 필요는 없어요. 내성적인 성격이라고 해서 좋은 선생님이 될 수 없는 것은 아니에요. 좋은 선생님이 되기 위해서는 연습하고 노력하면 되는 것이에요. 좋은 결과가 있기를 바랍니다. 파이팅!

1 '행복912'의 고민이 <u>아닌</u> 것은 무엇입니까? (　　　)

① 좋은 선생님이 될 수 없을 것 같다.
② 재미있는 수업을 하지 못하고 있다.
③ 직업을 바꾸고 싶지만 새 직장을 구하기가 어렵다.
④ 내성적인 성격과 지금 하고 있는 일이 맞지 않는 것 같다.

두려움　긍정적　이끌다

2 내성적인 성격에 대해 김 박사님과 같은 생각을 가진 사람은 누구입니까? 모두 고르십시오. (,   )

① 윤아: "내성적인 사람들은 긍정적인 편이야."
② 올리비아: "내성적인 성격에도 장점이 있어."
③ 하늘: "내성적인 사람들은 발전하는 것을 좋아해."
④ 우진: "내성적인 사람들은 자신이 한 행동에 대해서 많이 생각해."

3 이 글의 내용과 같은 것을 고르십시오. (   )

① 훌륭한 지도자들도 내성적인 성격 때문에 고민했다.
② 좋은 선생님, 훌륭한 지도자들은 대부분 성격이 내성적이다.
③ 질문자는 활발한 사람이 되기 위한 연습과 노력이 필요하다.
④ 좋은 선생님이 되기 위해서 성격을 바꿔야 하는 것은 아니다.

4 김 박사님이 이야기한 고민 해결을 위한 방법 네 가지는 무엇입니까?

1	
2	
3	
4	

III. 정리해 봅시다

어렸을 때 여러분의 성격은 어땠습니까? 지금과 비슷합니까?
보기 와 같이 이야기해 봅시다.

보기

저는 어렸을 때 활발한 편이었어요. 시간이 있으면 밖에 나가서 친구하고 놀거나 운동을 했어요. 그런데 요즘은 집에서 책을 읽거나 인터넷을 하면서 혼자만의 시간을 보내는 것이 더 좋아요. 제가 어렸을 때 부모님께서 제가 밖에서 운동하는 것보다 집에서 책을 읽거나 공부하는 것을 더 좋아하셨어요. 그래서 그런지 나이가 들면서 집에서 시간을 보내는 일이 점점 많아졌어요. 또 제가 사람을 많이 만나야 하는 일을 하는데 주말에는 사람을 만나지 않고 좀 쉬고 싶어요.

04과 나의 진로

1. 진로 고민

MP3 / 07

• 학습 목표: 진로에 대해 고민하는 내용을 듣고 이해할 수있다.

I. 준비해 봅시다

1 여러분은 진로를 정했습니까? 진로를 정할 때 생각해 봐야 하는 것은 무엇입니까?

2 다음 글을 읽고 상담실을 이용했을 때 할 수 있는 일이 아닌 것을 고르십시오. (   )

여러분의 꿈을 찾아 드립니다.

우리 학교에서는 아직 진로를 정하지 못하고 고민하는 학생들을 위해서 진로 상담실을 운영합니다. 상담실의 프로그램은 다음과 같습니다.

- 다양한 직업을 소개하고 각각의 직업에 대한 정보를 알려드립니다.
- 적성 검사, 성격 검사를 통해 성격의 특징과 장단점을 알아내고 학생에게 맞는 직업을 추천해 드립니다.
- 원하는 직업을 갖기 위해 준비해야 할 것들이 무엇인지 함께 알아봅시다.

상담실 운영 시간: 매주 월요일 / 수요일 오후 3:00~5:00

① 나의 성격의 특징에 대해서 알 수 있다.
② 나에게 맞는 직업이 무엇인지 찾을 수 있다.
③ 여러 가지 직업에 대한 정보를 얻을 수 있다.
④ 학교 성적을 올리기 위한 공부 계획을 세울 수 있다.

Ⅱ. 들어 봅시다

[1] 듣고 질문에 답하십시오.

1 남자가 미국에 가려는 이유를 모두 ✔ 하십시오.

☐ 영어 공부를 하려고
☐ 취업 준비를 하려고
☐ 자격증을 준비하려고
☐ 휴식 시간을 가지려고
☐ 다양한 경험을 할 수 있어서
☐ 자신이 원하는 일을 생각해 보려고

진로 운영하다 일거양득

[2~3] 듣고 질문에 답하십시오.

2 들은 내용과 같은 것은 무엇입니까? (　　)

① 두 사람은 요즘 자주 만났다.
② 여자는 취업 준비를 많이 해 놓았다.
③ 후배가 선배에게 고민 상담을 하고 있다.
④ 남자는 아직 취업 준비를 시작하지 않았다.

3 취업을 위해서 준비해야 하는 것이 <u>아닌</u> 것은 무엇입니까? (　　)

① 외국어 공부를 한다.
② 자기 소개서를 준비한다.
③ 회사 인터넷 사이트에 가입한다.
④ 가고 싶은 회사의 분위기를 알아본다.

[4~6] 듣고 질문에 답하십시오.

4 이 대화의 주제로 알맞은 것은 무엇입니까? (　　)

① 직업과 적성은 어떤 관계가 있을까?
② 진로 선택 전 충분한 경험이 왜 중요한가?
③ 자신이 좋아하는 일을 선택해야 하는 이유는 무엇일까?
④ 좋아하는 일과 잘 하는 일 중에서 무엇을 직업으로 선택해야 할까?

5 어떤 학생의 의견입니까? 남자의 의견이면 (남), 여자의 의견이면 (여)를 쓰십시오.

1) 취미와 직업 선택은 다른 문제이다. (　　)
2) 일을 잘 해서 인정을 받으면 사람은 행복감을 느낀다. (　　)
3) 하기 싫은 일을 하면서 살면 그 사람은 불행할 것이다. (　　)

알아 두다　박람회　흔히　만화가　재능　부딪치다

6 들은 내용과 다른 것은 무엇입니까? (   )

① 어떤 일이든지 직업이 되면 어려움에 부딪칠 수 있다.
② 좋아하는 일과 잘 하는 일은 관계가 없는 경우가 많다.
③ 어떤 일을 선택하든 충분한 생각과 많은 경험을 하는 것이 필요하다.
④ 잘 하는 일을 선택하려고 할 때 실패의 경우에 대해서 충분히 준비해야 한다.

Ⅲ. 정리해 봅시다

다음과 같이 생각하는 사람에게 어떤 조언을 해 주겠습니까? 아래와 같이 여러분의 생각을 이야기하십시오.

저는 컴퓨터 게임을 좋아해서 프로게이머가 되려고 해요. 제가 좋아하는 게임도 하루종일 할 수 있고 성공하면 돈도 많이 벌 수 있어요.

키가 커서 농구를 잘해요. 주변에서는 농구 선수를 하라고 하는데 솔직히 전 운동을 좋아하지는 않아요.

04과 나의 진로

2. 취업 박람회

MP3 / 08

• 학습 목표: 취업 박람회 관련 기사를 읽고 이해할 수 있다.

Ⅰ. 준비해 봅시다

1 사람들은 왜 취업 박람회에 갈까요? 이야기해 봅시다.

2 취업 박람회에 가기 전에 어떤 준비를 해야 합니까? 듣고 맞는 것에 모두 ✔ 하십시오.

- ☐ 미리 지원하기
- ☐ 이력서 준비하기
- ☐ 면접 복장 준비하기
- ☐ 담당자 정보 알아보기
- ☐ 기업 홈페이지에 가입하기
- ☐ 무슨 일을 하는 회사인지 알아보기

Ⅱ. 읽어 봅시다

다음 글을 읽고 질문에 답하십시오.

"나의 꿈 찾기" 취업 박람회, 오는 10일 코엑스에서 열려

국내 첫 인공지능 면접 시작

오는 10일 서울 코엑스에서 "나의 꿈 찾기" 취업 박람회가 열린다. 이번 행사는 구직자들에게 국내의 중소기업을 소개하고, 취업 기회를 제공하는 자리로 여기에 참가하는 83개의 기업은 주요 대기업보다 규모는 작지만, 뛰어난 기술로 세계적으로 인정받는 기업들이다.

이번 박람회는 국내에서 처음으로 인공지능(AI) 면접을 진행하는 것이 특징이다. 사전에 참가를 신청한 구직자 2,000여 명은 지난 한 달 동안 "나의 꿈 찾기" 취업 박람회 홈페이지를 통해 온라인으로 인공지능 면접을 치렀다. 인공지능 면접이란 컴퓨터로 면접을 보는 것이다. 컴퓨터가 자신의 질문에 대답을 하는 지원자의 표정과 목소리, 자주 쓰는 단어로 지원자의 가치관을 판단한다. 또한 게임과 비슷한 테스트를 통해 지원자의 특징과 장단점을 알아내고 여기에 맞추어 그에게 맞는 업무를 판단한다. 무엇보다도 인공지능 면접은 지원자가 원하는 시간과 장소에서 인터넷으로 면접을 보기 때문에 모두가 같은 기회를 얻을 수 있고 같은 기준으로 평가 받을 수 있다는 장점이 있다. 그리고 시간과 교통비 등의 면접 비용도 줄어든다. 기업들은 과거에 면접을 볼 때 비용 등의 문제로 지원자 중에 일부를 골라야 했지만 인공지능 면접은 비용이 1/10 정도여

현장 담당자 참가하다 구직자 제공하다 규모 인공지능 사전 지원자 가치관 판단하다 알아내다 기준 일부

서 지원자 전체 면접이 가능하다. 즉 구직자들은 충분한 면접 기회를 얻고 기업은 모든 지원자를 만나 볼 수 있는 것이다.

사전 신청과 인공지능 면접을 마친 구직자는 컴퓨터가 연결해 준 자신의 적성과 능력에 가장 적합한 기업과 행사 당일 박람회장에서 2차 면접을 보게 된다. 미리 인공지능 면접을 치르지 않고 현장에서 바로 참가하는 구직자들도 원하는 기업의 인사 담당자와 상담을 할 수 있고, 원하는 경우 박람회 현장에 준비된 '인공지능(AI) 면접관'에서 면접을 보고 참가 기업에 정보를 제공해서 취업 기회를 얻을 수 있다.

이번 박람회에서는 참가 기업의 연봉, 근무지, 복지 등의 자세한 정보를 얻을 수 있을 뿐만 아니라 좋은 자기소개서 쓰는 방법에 대한 강의, 진로 상담 등의 여러 이벤트도 열린다. 아직 확실히 자신의 진로를 정하지 못했거나 준비가 잘 되어 있지 않다고 생각하는 사람도 박람회에 가면 도움을 받을 수 있다. 박람회에 대해서 궁금한 점은 홈페이지에서 상담이 가능하다. 홈페이지에 가입한 후 '1:1상담' 게시판에 문의하면 된다.

- 김은비 기자-

1 다음 중 이 글의 내용과 같은 것은 무엇입니까? (　　)

① 사전 신청을 하지 않으면 박람회에 참가할 수 없다.
② 이 박람회에는 세계적인 규모의 기업들이 참가한다.
③ 이 박람회에서 국내 처음으로 인공지능 면접을 시작했다.
④ 인공지능 면접은 원하는 회사의 홈페이지에 들어가서 신청하면 된다.

2 기존의 면접과 인공지능 면접을 비교해 봅시다.

기존 면접	인공지능 면접
정해진 시간, 장소에서 면접을 본다.	
지원자들 중 일부만 면접을 볼 수 있다.	

적합하다　치르다　연봉　근무지　복지

3 이 기사를 읽은 후 잘못 생각한 사람은 누구입니까? (　　)

① 민수: "온라인으로 빨리 인공지능 면접을 신청 해야지."
② 영수: "아직 진로를 정하지 못했는데 가서 상담을 받아야겠다."
③ 병수: "박람회에 대해 궁금한 점이 있는데 홈페이지에 가입해야겠다."
④ 철수: "당일 인공지능 면접도 가능하다고 하니까 가서 면접을 봐야지."

4 읽고 빈칸을 채우십시오.

박람회가 열리는 날	이번 달 10일
박람회 장소	코엑스
박람회의 특징	
참가 기업	
인공지능 면접이란?	
박람회에서 열리는 이벤트	

III. 정리해 봅시다

취업 박람회에 다음과 같은 회사들이 있습니다. 어떤 회사에 지원하고 싶습니까? 이유는 무엇입니까? 보기와 같이 이야기해 봅시다.

(가)

출근 거리	보통 (버스 30분)
근무 시간	9시-18시
연봉	보통
복지	보통
직원 수	50명

(나)

출근 거리	가까움 (버스 10분)
근무 시간	10시-17시
연봉	낮음
복지	좋음
직원 수	7명

(다)

출근 거리	멂 (지하철 1시간)
근무 시간	9시-18시
연봉	높음
복지	보통
직원 수	500명

(라)

출근 거리	보통 (버스 30분)
근무 시간	9시-22시 (야근 많음)
연봉	높음
복지	좋음
직원 수	1500명

보기

저는 너무 힘들게 일하는 것보다 돈은 좀 적게 받아도 편한 곳에서 일하고 싶어요. 근무 시간도 적당하고 집에서 멀지도 않으니까 저는 (가) 회사에 지원할 거예요.

복습

1 다음 글을 읽고 질문에 답하십시오.

나의 진로 찾기

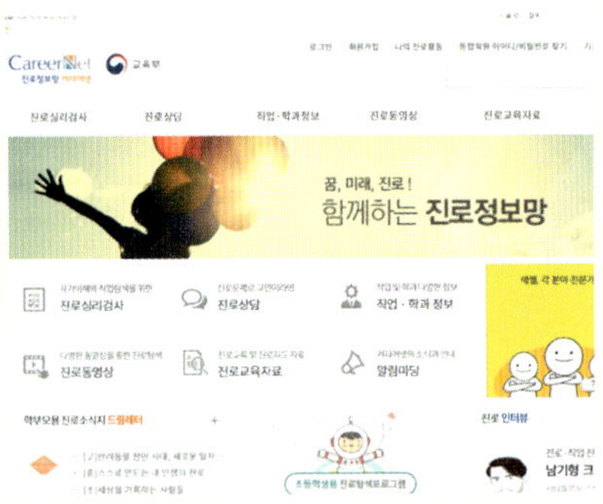

어떤 일을 하면서 살지 결정하는 것은 인생에 큰 영향을 주기 때문에 매우 중요하다. 하지만 학생들의 경우 많지 않은 경험과 정보를 가진 상태에서 인생의 큰 선택을 해야 하기 때문에 고민하는 경우가 많다. 그럼 나에게 맞는 길을 어떻게 찾을 수 있을까?

첫 번째 직업체험박람회에 찾아가거나 관심 있는 일을 하고 있는 친척이나 선배를 방문해서 그 일을 직접 체험해 보는 것이다. 이렇게 직접 현장을 경험을 해 보면 현재 그 일을 하고 있는 사람들에게 직업에 대한 자세한 설명도 들을 수도 있고 자신이 생각했던 것과 다른 점을 알게 될 수도 있다.

두 번째는 모든 일을 경험해 볼 수 없기 때문에 책을 통해서 평소에 쉽게 접할 수 없는 다양한 일을 접해 보는 것이다. 특히 자서전을 읽으면 성공한 사람들이 어떻게 자신의 길을 찾고 어떤 노력을 해서 성공할 수 있었는지 알 수 있기 때문에 자신의 꿈을 찾아서 이루는 데 도움을 얻을 수 있다.

마지막으로 객관적인 심리검사를 받아 보는 방법이 있다. 교육부의 커리어넷(http://www.career.go.kr)에서 무료로 진로심리검사를 할 수 있는데 여기에서는 초등학생부터 대학생, 그리고 외국인까지 모든 사람을 대상으로 다양한 서비스를 제공한다. 이 사이트에서 할 수 있는 진로심리검사에는 직업적성검사와 직업흥미검사가 있다. 적성이란 어떤 일을 잘 할 수 있는 성격이나 쉽게 적응할 수 있는 능력을 말하는데 직업적성검사를 하면 자신이 잘 할 수 있는 적성에 맞는 일을 알려 준다. 그리고 직업흥미검사를 통해서는 자신이 흥미를 느끼는 일이 무엇인지 알아 볼 수 있다. 이렇게 자신이 잘 하는

자서전 객관적 심리 교육부

것과 좋아하는 것을 알게 되면 이 중에 어떤 것을 선택해야 할지 고민이 될 수 있는데 회원가입을 하면 전문가와 상담도 받을 수 있다. 물론 자신의 상황이나 가치관에 따라서 좋아하는 일을 할지 잘하는 일을 할지 선택해야 하지만 어떤 경우든지 자신이 만족하고 행복할 수 있는 길을 찾는 게 중요하다.

그 밖에도 진로심리검사 결과를 가지고 그에 맞는 직업과 학과에 대한 정보도 알아 볼 수 있는데 직업 정보에 들어가면 하는 일, 적성 및 흥미, 직업 전망, 연봉 정보까지 다양한 정보를 제공한다. 학과 정보의 경우에는 관련 직업, 공부하는 과목, 적성, 학과 전망 등도 확인할 수 있다. 또한 진로 동영상, 진로 교육 자료와 같은 다양한 내용들도 살펴볼 수 있다.

진로 선택에 대해서 고민하고 있다면 인생의 중요한 선택인 만큼 적극적으로 다양한 방법을 통해서 자기의 길을 찾아서 도움을 받는 것이 필요하다.

1. 진로를 찾는 방법을 쓰십시오.

1)	
2)	
3)	

2. 이 글의 내용으로 맞는 것을 고르십시오.(　　)

① 흥미를 느끼면 자신의 적성에 맞는 일이다.

② 적성에 맞는 일을 찾으려면 직업을 여러 번 바꿔야 한다.

③ 커리어넷에서 외국인도 무료로 진로심리검사를 할 수 있다.

④ 커리어넷에서 회원에 가입하지 않아도 진로 상담을 받을 수 있다.

복습

3. **커리어 넷에서 이용할 수 있는 정보를 모두 고르십시오.**

☐ 진로 상담 ☐ 직업 교육 ☐ 학과 정보

☐ 직업 정보 ☐ 일자리 소개 ☐ 진로심리검사

4. **커리어넷에서 원하는 학과나 직업에 대해서 조사해 봅시다.**

학과	관련 직업	공부 과목	적성	학과 전망

직업	하는 일	적성	연봉	전망

시험과 선물

가족이나 친구들 중에서 입사 시험을 보는 사람이 있다면 성공적인 취업을 바라며 선물을 할 수 있습니다. 옛날부터 한국 사람들은 시험을 잘 보기를 바라는 마음에서 엿이나 찹쌀떡을 시험 보는 가족이나 친구에게 선물했습니다. 엿과 찹쌀떡은 끈적끈적하기 때문에 다른 물건에 잘 붙는데 시험에 붙기를 바라는 마음을 표현합니다. 요즘은 포크, 도끼 모양의 볼펜 등 다양하고 재미있는 선물을 볼 수 있습니다. 포크는 음식을 찍어서 먹을 때 사용하고 도끼는 나무를 찍을 때 사용합니다. 포크나 도끼 모양의 볼펜은 입사 시험을 볼 때 정답을 잘 찍기를 바라는 마음을 표현하는 재미있는 선물입니다.

1. **한국 사람들은 입사 시험을 보는 가족이나 친구들에게 어떤 선물을 줍니까?**

2. **여러분 나라에서는 입사 시험을 보는 가족이나 친구들에게 어떤 선물을 줍니까?**

엿 찹쌀떡 끈적끈적하다

05과 생활 속의 경제

1. 다양한 소비 형태

MP3 / 09

• 학습 목표: 다양한 소비 형태에 대한 이야기를 듣고 이해할 수 있다.

I. 준비해 봅시다

1 오프라인 매장과 온라인 쇼핑몰 중 어디에서 물건을 삽니까? 그곳의 장점과 단점은 무엇입니까?

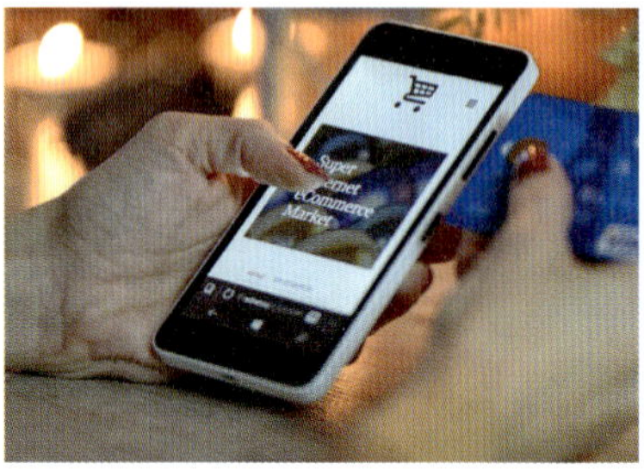

2 다음 글에서 알 수 있는 것은 무엇입니까? (　　)

해외 인터넷 쇼핑몰에서 물건을 직접 구매(직구)하는 사람들이 많아지고 있습니다. 해외 인터넷 쇼핑몰에서 물건을 구매한 후에 배송 받는 방법은 두 가지가 있습니다.

첫째, 소비자가 직접 해외 쇼핑몰에서 물건을 구매하고 국제 배송도 해외 쇼핑몰이 해 주는 방법입니다.

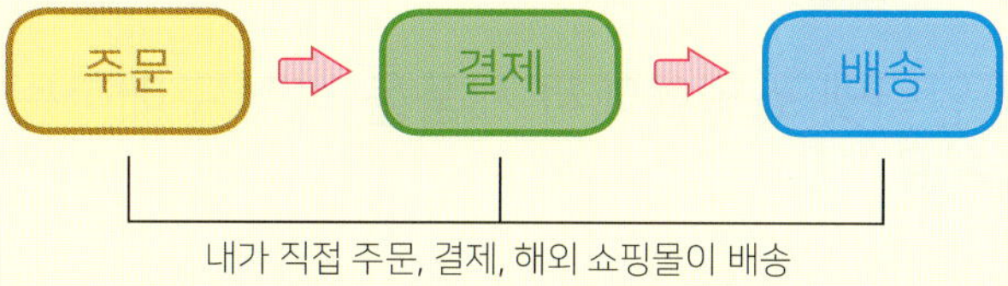

둘째, 소비자가 해외 쇼핑몰에서 물건을 직접 구매하지만 물건은 국제 배송을 대신 해 주는 회사를 통해서 받는 방법입니다. 국제 배송을 해 주는 해외 쇼핑몰이 많지 않기 때문에 이 방법이 가장 많이 이용되고 있습니다.

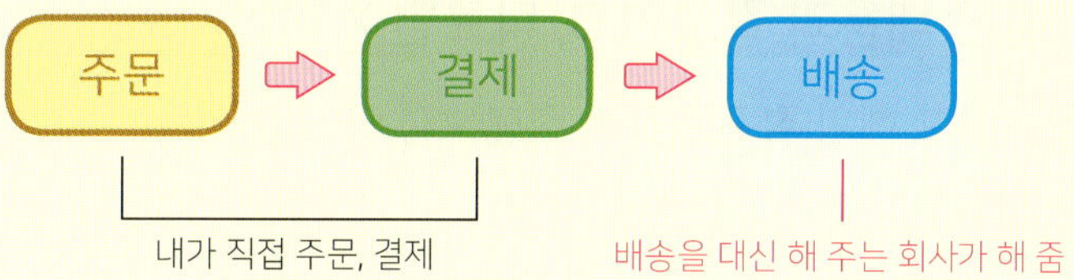

① 유명한 해외 인터넷 쇼핑몰 사이트
② 해외 인터넷 쇼핑몰에서 직접 구매할 수 있는 제품들
③ 해외 인터넷 쇼핑몰에서 물건을 구매할 때 결제하는 방법
④ 해외 인터넷 쇼핑몰에서 직접 물건을 구매한 후에 배송 받는 방법

구매하다

Ⅱ. 들어 봅시다

[1] 듣고 질문에 답하십시오.

1 점원은 무엇에 대해서 말하고 있습니까? (　　)

① 최신 휴대 전화 가격
② 최신 휴대 전화 종류
③ 최신 휴대 전화 대여 서비스
④ 최신 휴대 전화를 판매하는 곳

[2~3] 듣고 질문에 답하십시오.

2 해외 인터넷 쇼핑몰에서 제품을 직접 구매하는 방법의 장점과 단점을 쓰십시오.

장점	단점
• • 국내에서 팔지 않는 제품을 살 수 있다.	• • 배송 기간이 길다. • 반품이나 환불 과정이 복잡하다.

3 들은 내용과 같으면 O, 다르면 X 하십시오.

1) 올해 해외 직구 규모는 작년보다 35% 커졌다. (　　)
2) 우리나라 사람들이 해외 직구로 가장 많이 산 것은 전자 제품이다. (　　)

[4~6] 듣고 질문에 답하십시오.

4 듣고 몰링의 뜻을 쓰십시오.

몰링은

기기　약정 기간　망설이다　대여　저렴하다　포함하다　규정　상관없다　동시
복합 쇼핑몰

5 복합 쇼핑몰에서 할 수 있는 것을 들은 내용에 맞게 모두 ✔ 하십시오.

☐ 영화를 본다. ☐ 숙박 시설을 이용한다. ☐ 쇼핑을 한다.
☐ 요리를 한다. ☐ 수영을 한다. ☐ 공연을 본다.

6 들은 내용과 다른 것을 고르십시오. (　　)

① 복합 쇼핑몰에는 다양한 시설들이 있다.
② 몰링으로 스트레스를 푸는 사람도 있다.
③ 몰링을 즐기는 사람들을 몰링족이라고 한다.
④ 몰링을 즐기는 사람들은 주로 50대 이상이다.

III. 정리해 봅시다

여러분 나라의 다양한 소비 형태에 대해서 이야기해 봅시다.

05과 생활 속의 경제

2. 결제 방식의 변화

MP3 / 10

• 학습 목표: 결제 방식의 변화에 대한 글을 읽고 이해할 수 있다.

Ⅰ. 준비해 봅시다

1 휴대 전화로 간편하게 결제하는 방식의 장점과 단점은 무엇일까요?

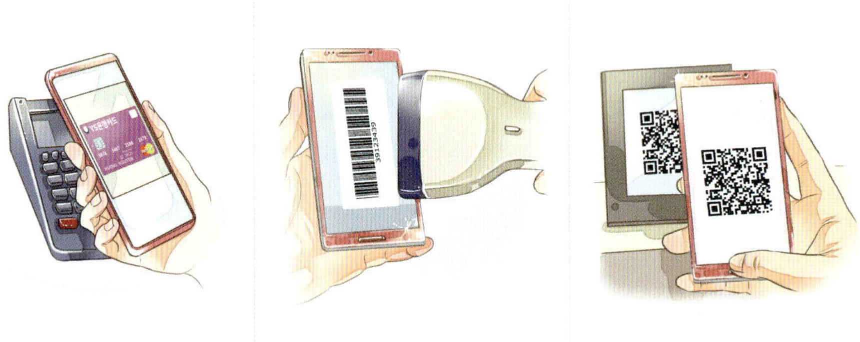

2 듣고 김 부장이 무엇에 대해서 설명하고 있는지 답을 고르십시오. (　　)

① 국내 편의점의 종류
② 휴대 전화로 결제하는 결제 서비스
③ 얼굴로 결제하는 새로운 결제 서비스
④ 현금 대신 신용 카드로 결제하는 방법

시스템　추가하다

Ⅱ. 읽어 봅시다

다음 글을 읽고 질문에 답하십시오.

옛날에는 사람들이 지갑에서 돈을 꺼내서 물건 값을 지불했지만 요즘은 신용 카드로 결제하는 사람들이 많아지고 있다. 신용 카드가 있으면 현금을 가지고 다니지 않아도 물건 값을 결제할 수 있고 현금이 넉넉하지 않아도 할부로 구매할 수 있어서 편리하다.

신용 카드는 1950년 뉴욕에서 처음으로 만들어졌다고 알려져 있다. 당시 미국의 프랭크 맥나마라(Frank McNamara)는 뉴욕의 한 식당에서 친구들에게 식사를 대접하다가 곤란한 적이 있었다. 지갑을 가지고 왔어야 했는데 깜빡하고 집에 놓고 왔기 때문이다. 그 후 그는 식당과 먼저 계약한 후에 돈이 없어도 그 식당에서 결제할 수 있는 카드를 만들었다. 이 카드가 바로 신용 카드의 시작이 되었다.

우리나라는 1969년에 신세계 백화점에서 신용 카드를 처음 만들었지만 가맹점이 백화점뿐이라는 단점이 있었다. 오늘날과 같은 신용 카드는 1970년대 말부터 사용되기 시작했고 이제는 신용 카드가 없는 사람을 찾기가 힘들 정도로 국내에서는 많이 사용되고 있다.

인터넷이 널리 퍼지면서 현대에는 온라인 쇼핑몰에서 물건을 구매하는 사람들도 많아졌는데 온라인 쇼핑몰에서 결제할 때마다 신용 카드 번호 16자리와 카드 유효 기간 등을 매번 누르는 것은 매우 번거로운 일이었다. 이런 쇼핑몰 이용자들을 위해서 처음 한 번만 신용 카드를 등록해 놓으면 그 다음부터는 신용 카드 번호를 모두 누르지 않아도 비밀 번호만 누르면 간편하게 결제할 수 있는 간편 결제가 만들어졌다. 고객은 빠르고 간편하게 결제할 수 있어서 좋고, 기업은 결제 방식의 번거로움 때문에 고객이 구매를 포기하는 것을 막을 수 있어서 간편 결제를 환영했다.

이제 간편 결제는 온라인을 넘어서 오프라인에서도 다양한 이름(OO페이)으로

지불하다　할부　가맹점　널리　퍼지다　유효 기간　매번　간편 결제　막다

소개되어 점점 더 많이 이용되고 있다. 휴대 전화에다가 간편 결제 서비스 앱을 다운 받은 후에 신용 카드를 등록해 놓으면 마트, 편의점 등에서 현금이나 신용 카드가 없어도 비밀 번호만 누르면 휴대 전화로 간편하게 결제할 수 있다. 비밀 번호를 누르지 않아도 지문, 홍채 또는 얼굴로도 결제가 가능한 휴대 전화도 등장하고 있다. 앞으로 결제 방식이 얼마나 더 다양하고 간편해질지 기대가 된다.

1 이 글을 읽고 다음을 내용 순서대로 쓰십시오.

(가) 온라인 간편 결제
(나) 신용 카드의 장점
(다) 세계 첫 신용 카드
(라) 오프라인 간편 결제
(마) 우리나라의 첫 신용 카드

(나) → (　　) → (　　) → (　　) → (　　)

2 이 글의 내용과 같은 것을 고르십시오. (　　)

① 간편 결제 서비스를 이용해야 한다.
② 요즘은 점점 온라인 쇼핑이 줄고 있다.
③ 세계 첫 신용 카드는 미국에서 만들어졌다.
④ 시간이 갈수록 결제 방식이 복잡해지고 있다.

3 이 글의 내용과 다른 것을 고르십시오. (　　)

① 간편 결제 방식은 오프라인에서 시작되었다.
② 우리나라의 첫 신용 카드의 가맹점은 백화점뿐이었다.
③ 국내에서 다양한 이름의 간편 결제 서비스가 소개되고 있다.
④ 사람들은 빠르고 간편하게 결제할 수 있어서 간편 결제 방식을 환영했다.

지문　홍채

4 기업에서 간편 결제 방식을 환영한 이유는 무엇입니까?

정리해 봅시다

여러분 나라에도 간편 결제가 많이 이용되고 있습니까?

네 → 어떤 간편 결제를 많이 이용합니까?
"OO페이를 많이 이용해요."

아니요 → 간편 결제가 많이 이용되지 않는 이유는 무엇입니까?
"사람들이 대부분 현금으로 결제해요."
"휴대 전화를 가지고 다니는 사람이 많지 않아요."

06과 의사소통과 표현

1. 일상생활 속의 불만

MP3 / 11

• 학습 목표: 일상생활 속의 불만에 대한 내용을 듣고 이해할 수 있다.

Ⅰ. 준비해 봅시다

1 다음 상황에서 여러분은 어떻게 이야기하겠습니까?

2 다음 글을 읽고 이 사람은 왜 옷을 사지 않았는지 고르십시오. (　　)

고객의 소리

쇼핑 중 불편한 점은 없으신가요?
알려 주시면 빠르게 해결하겠습니다.

· 내용

오늘 퇴근하는 길에 백화점에 들렀는데 평소에 제가 좋아하는 디자이너의 옷을 80% 세일하고 있었습니다. 기쁜 마음에, 마음에 드는 옷을 골라서 입어 보려고 하는데 직원이 입어 보면 안 된다고 했습니다. 옷이 안 맞으면 교환하러 오기 번거로울 것 같아서 꼭 사고 싶었던 옷을 사지 못했습니다.

고객님, 감사합니다. 더 나은 서비스로 모시겠습니다.

-우리 백화점-

① 옷이 안 맞아서
② 교환이 안 돼서
③ 입어 볼 수 없어서
④ 마음에 드는 옷이 없어서

II. 들어 봅시다

[1] 듣고 질문에 답하십시오.

1 윤아는 왜 불편합니까? (   )

① 친구와 싸워서
② 발표를 잘 못해서
③ 혼자 팀 과제를 해서
④ 자료 조사가 힘들어서

[2~3] 듣고 질문에 답하십시오.

2 신입 사원의 불만이 <u>아닌</u> 것을 고르십시오. (   )

① 회식이 너무 많다.
② 상사와 성격이 안 맞는다.
③ 하는 일은 힘든데 월급이 많지 않다.
④ 상사가 휴일에도 연락해서 쉴 수 없다.

3 신입 사원이 다음에 어떻게 할지 고르십시오. (   )

① 다른 회사로 옮긴다.
② 맡은 일을 열심히 한다.
③ 회사의 인간관계에 더 신경을 쓴다.
④ 회사 동료들과 이야기하면서 스트레스를 푼다.

[4~6] 듣고 질문에 답하십시오.

4 남자의 생각에 (남), 여자의 생각에 (여)라고 쓰십시오.

· 노키즈존은 아이를 무시하는 것이다. (   )
· 외국에는 이미 노키즈존이 많이 있다. (   )
· 아이들은 가게의 손님들을 불편하게 한다. (   )
· 많은 부모는 공공장소에서 아이를 잘 관리한다. (   )

매너　상사　갈등　옮기다　현실　배려하다　꾸준히　불쾌하다　책임　출입
무시하다

5 들은 내용과 같은 것을 고르십시오. (　　)

① 가게 주인들은 대부분 노키즈존에 찬성한다.
② 담배를 피우는 사람은 식당에 들어갈 수 없다.
③ 인구가 줄고 있기 때문에 노키즈존은 없어질 것이다.
④ 아이보다 예절을 가르치지 않는 부모가 더 문제이다.

6 남자의 의견과 같은 것은 무엇입니까? (　　)

① "아이와 외출을 하면 불편해서 갈 데가 없어요"
② "어른들도 카페에서 시끄럽게 떠드는데 뭐가 문제지요?"
③ "누구나 아이 때가 있었으니까 어른들이 이해해 줘야지요."
④ "식당에서 아이가 신발을 신고 방 안을 걸어 다녀서 놀랐어요"

정리해 봅시다

학교 시설을 이용하면서 불편한 점이 있었습니까? 홈페이지에 써 보십시오.

연세대학교 → 건의 사항

글쓴이: 김영수	비밀 번호: KS037@	
도서관 1층 출입문을 자동으로 만들어서 문이 알아서 닫혔으면 좋겠습니다. 문이 열려 있을 때 담배 연기가 안으로 들어와서 불편합니다.		등록

글쓴이:	비밀 번호:	
		등록

06과 의사소통과 표현

2. 힘이 되는 말

MP3 / 12

• 학습 목표: 격려하는 내용을 읽고 이해할 수 있다.

I. 준비해 봅시다

1 어떤 말을 들었을 때 힘이 났습니까? 이야기해 보십시오.

2 듣고 이 사람은 누구에게 조언하는지 고르십시오. (　　)

① 신입생　② 졸업생　③ 신입사원　④ 여행사 직원

Ⅱ. 읽어 봅시다

다음 글을 읽고 질문에 답하십시오.

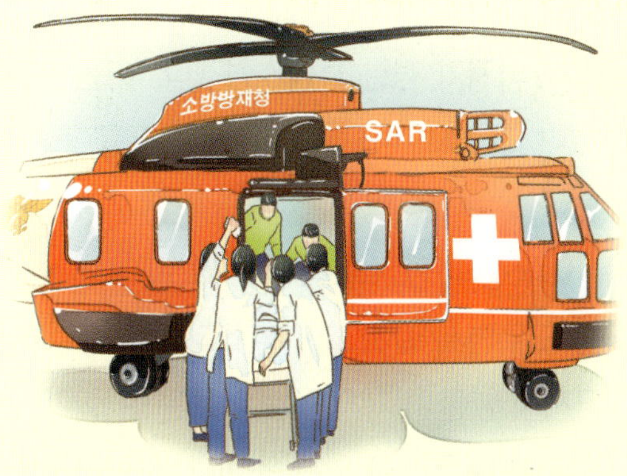

우리는 가족이나 친구, 동료들에게 하루에 얼마나 많이 따뜻한 말을 할까? 대개 '잘 했어', '힘내' 같은 칭찬과 격려의 말보다 '싫어', '짜증나' 같은 불평과 불만이 담긴 부정적인 말을 많이 하지는 않을까? 하지만 '칭찬은 고래도 춤추게 한다'는 말처럼 긍정적이고 따뜻한 말은 듣는 사람의 마음을 움직이고 또 누군가에게는 인생을 변화시키는 큰 힘이 되기도 한다. 이국종 교수의 이야기는 이것을 잘 보여주는 예이다.

이국종 교수는 한국의 유명한 외상외과 의사이다. 그는 큰 사고를 당해서 잘못하면 생명을 잃을 수도 있는 심각한 상태의 환자를 수술하는 의사이다. 힘들고 어려운 자리에서 묵묵히 일하던 그는 국민적인 관심을 받은 두 번의 사건 때문에 국민들에게 알려지게 되었다. 그는 오만(Oman)의 바다에서 해적에게 총을 맞아 거의 죽어 가던 선장을 살렸고 휴전선을 넘다가 심한 부상을 입은 북한 병사를 어려운 수술 끝에 살려 내서 국민들에게 감동을 주었다.

그러나 그의 어린 시절은 힘들고 가난했다. 그의 아버지는 젊었을 때 6. 25 전쟁에 나가서 싸우다가 한쪽 눈과 팔다리를 다쳐서 장애인이 되었다. 아버지는 국가 유공자였지만 그는 아버지가 부끄러웠고 가난은 늘 그를 따라 다녔다.

그는 중학교 때 몸이 많이 아팠는데 돈이 없어서 치료를 제때 받지 못했다. 증상이 심해져서 할 수 없이 그는 동네에 있는 '김학산 외과'라는 병원에 찾아갔다. 그 당시에는 국가에서 국가 유공자들에게 의료비를 지원해 주기 위해서 만든 노란색 의료복지카드가 있었는데 그의 아버지가 국가 유공자라서 그의 가족은 그것을 사용할 수 있었다. 하지만 병원에서 의료복지카드를 보여주면 자신의 아버지가 장애인이고 집이 가난하다는 것을 사람들이 알게 되기 때문에 그는 항상

불평 부정적 고래 외상외과 생명 묵묵히 해적 선장 휴전선 병사
국가 유공자 지원하다 의료복지카드

그 노란색 카드가 창피했다. 어린 이국종이 부끄러워하면서 내민 의료복지카드를 보고 김학산이 말했다.

"나라를 위해서 싸우신 아버지가 정말 자랑스럽겠다." 그는 돈도 받지 않고 어린 이국종을 치료해 주었다. 그리고 "너도 아버지처럼 훌륭한 사람이 되어야 한다"라고 이국종을 격려했다.

김학산의 말 한 마디는 이국종의 인생을 바꿨다. 그는 '의사가 되어서 우리처럼 가난하고 아픈 사람들을 도우면서 살자'고 결심했다. 그 후로 그는 열심히 공부해서 의사가 되었고 지금까지 남들이 가지 않는 어려운 길을 가고 있다.

따뜻한 말 한마디가 지금의 이국종을 만든 것이다. 진심이 담긴 말 한 마디가 부끄럽다고 생각한 아버지를 자랑스럽게 만들어 주고 이국종의 인생을 바꾸어 주었다. 우리는 말로 상처를 받기도 하고 말로 희망과 위로를 얻기도 한다. 그렇기 때문에 항상 부정적인 말보다 긍정적이고 누군가에게 힘이 되는 말을 하도록 노력해야 한다.

1 아래의 문장을 시간의 흐름에 따라 순서대로 쓰십시오.

(가) 이국종은 북한 병사를 수술하였다.
(나) 이국종은 의사가 되기로 결심하였다.
(다) 이국종은 외상외과 의사로 유명해졌다.
(라) 이국종은 몸이 아팠지만 제때 치료를 받지 못했다.

(　　　) → (　　　) → (　　　) → (　　　)

2 이국종은 왜 의료복지카드를 부끄러워 했습니까?

격려하다

3 어린 이국종의 아버지에 대한 태도가 달라지게 된 계기를 쓰십시오.

김학산의 ______________________________

4 글쓴이가 하고 싶은 말은 무엇입니까? (　　　)

① 꿈을 이루려면 노력해야 한다.
② 봉사하는 인생을 살아야 한다.
③ 다양한 경험을 하는 것이 좋다.
④ 따뜻한 말 한 마디의 힘은 크다.

정리해 봅시다

힘들어하는 친구가 있습니까? 그 친구에게 보기와 같이 격려하는 문자 메시지를 써 보십시오.

보기

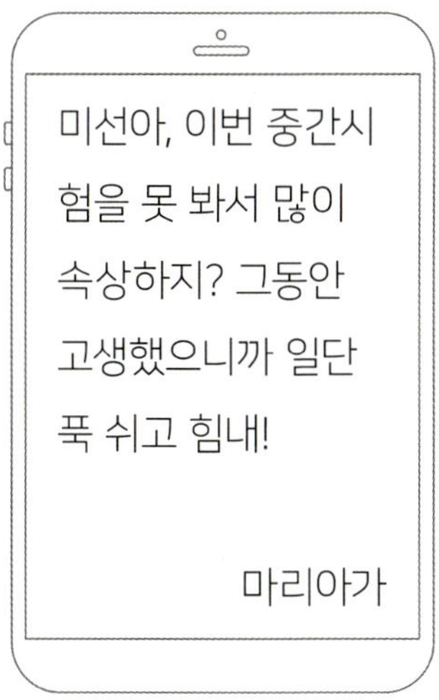

복습

1 다음 글을 읽고 질문에 답하십시오.

요즘은 휴대 전화만 가지고 나가도 물건을 살 수 있는 시대이다. 지금 당장 현금이 없어도 물건을 사는 데는 아무 문제가 없다. 하지만 생각해 보면 10년 전의 결제 수단은 현금과 신용카드뿐이었다. 이렇게 결제 수단은 변하고 있다. 그렇다면 지금까지 결제 수단은 어떻게 변해 왔을까?

아주 먼 옛날, 화폐가 없던 시대에 사람들은 필요한 물건을 자신이 가지고 있는 물건과 바꿔서 구할 수 있었다. 이것을 물건과 물건의 교환, 즉 물물교환이라고 한다. 그런데 물물 교환을 하다 보니 여러 가지 문제가 생겼다. 서로 교환하고 싶은 물건이 다를 수도 있고 교환할 수 있는 양의 기준도 정하기 힘들었다. 따라서 객관적인 교환 수단이 필요했는데 이것이 바로 화폐가 등장한 이유이다.

처음에 화폐는 기존에 있던 물건들을 이용한 물품 화폐의 형태로 나타났다. 화폐는 가지고 다니기 편해야 하고 나눠 가지기 쉬워야 하며 많은 사람이 사용할 수 있을 만큼 충분한 양이 있고 가치가 변하지 않는 것이어야 했다. 이런 조건에 맞는 물품이 조개껍데기, 쌀, 소금 등이었다. 하지만 문제가 있었다. 조개껍데기, 쌀 같은 물품은 오랜 시간이 지나면 깨지고 썩어서 못 쓰게 되어 불편했다. 그래서 새로운 것을 찾기 시작했고 오랫동안 변하지 않고 가지고 다니기 쉬우며 같은 모양으로 만들기 쉬운 재료인 금속으로 화폐를 만들기 시작했다. 초기에는 금으로 화폐를 만들기도 했다. 하지만 금은 가치가 커서 잃어버릴 위험이 많고 너무 무거워서 가지기 다니기도 힘들었다. 결국 상대적으로 가치가 떨어지지만 잘 변하지 않고 여러 가지 색을 만들어 내기 쉬운 구리를 주재료로 하는 지금의 동전이 만들어졌다. 그리고 무거운 동전의 단점을 보완하기 위해 지폐가 등장하여 지금의 화폐의 모습을 갖추게 된다.

경제의 규모가 크지 않을 때는 금속 화폐와 지폐만으로도 충분히 경제가 돌

객관적 기존 물품 형태 조개껍데기 금속 구리 보완하다 상업 어음

아갈 수 있었다. 하지만 상업과 무역이 발달하면서 물품의 판매 규모가 커지자 많은 돈을 한꺼번에 주고받기가 쉽지 않았다. 따라서 미래의 어느 날짜에 돈을 줄 것을 약속하는 어음과 같은 신용 화폐가 등장하게 되었고 요즘은 결제를 일정 기간 뒤에 할 수 있도록 하는 신용 카드가 널리 사용되고 있다.

결제 수단은 이와 같이 그 시대의 필요에 따라 변해 왔으며 지금도 변하고 있다. 특히 요즘은 인터넷과 컴퓨터 기술의 발달로 간편 결제, 전자 화폐 등의 수많은 결제 수단이 등장하고 있다. 또 이것은 사람들의 삶을 바꾸어 놓는다. 미래의 결제 수단은 어떤 모습일까?

1. **사람들이 화폐를 사용하게 된 이유는 무엇입니까?**

2. **화폐의 조건이 아닌 것은 무엇입니까? (　　)**
   ① 나눠 가지기 쉬워야 한다.
   ② 가지고 다니기 편해야 한다.
   ③ 가치가 높은 것이어야 한다.
   ④ 많은 사람이 사용할 수 있을 만큼 양이 충분해야 한다.

복습

3. **다음은 물건을 살 수 있는 수단입니다. 나타난 순서대로 나열하십시오.**

① 물물교환 ② 지폐 ③ 금속 화폐 ④ 물품 화폐 ⑤ 신용 화폐

( ) → ( ) → ( ) → ( ) → ( )

4. **이 글의 내용과 다른 것을 고르십시오. ( )**

① 경제의 규모가 커져서 신용 화폐가 등장하게 되었다.

② 구리는 금보다 가치가 높아서 화폐를 만들기에 적당하다.

③ 금으로 만든 화폐는 무거워서 가지고 다니기가 힘들었다.

④ 물품화폐는 깨지거나 썩어서 오랫동안 사용할 수 없었다.

화폐 박물관

한국의 중앙은행인 한국은행 본점에는 화폐 박물관이 있습니다. 이곳에서는 1000년 전부터 시작된 우리나라 화폐의 역사를 소개하고 현재까지 남아 있는 화폐를 전시하고 있습니다. 또한 화폐를 만드는 과정, 수명이 끝난 낡은 화폐를 어떻게 처리하는지, 가짜 지폐를 어떻게 구분할 수 있는지 등의 흥미로운 볼거리들이 많습니다. 화폐 박물관이지만 화폐뿐만 아니라 중앙은행의 역사도 살펴볼 수 있고 우리나라 경제 전반에 대한 체험 학습도 가능합니다. 무료로 운영되는 곳이고 다른 전시회도 많이 열린다고 하니까 꼭 한번 방문해 보세요.

1. **화폐 박물관에서 무엇을 할 수 있습니까?**

2. **여러분 나라의 화폐의 역사에 대해 알고 있습니까? 이야기해 봅시다.**

본점 중앙은행 수명 구분하다 전반

07과 일상생활

1. 공공질서 지키기

MP3 / 13

• 학습 목표: 공공질서에 대한 이야기를 듣고 이해할 수 있다.

Ⅰ. 준비해 봅시다

1 다음 장소에서 지켜야 할 공공질서는 무엇입니까?

2 다음은 어디에서 볼 수 있습니까? (　　)

안 내 문

늦은 시간에 세탁기,
청소기를 사용하지 마세요.

10시 이후에는 피아노를 치지 마세요.

집 안 화장실에서 담배를 피우지 마세요.

① 공원
② 공연장
③ 도서관
④ 아파트

II. 들어 봅시다

[1] 듣고 질문에 답하십시오.

1 이 콘도에 대한 설명으로 들은 내용과 다른 것은 무엇입니까? (　　)

① 콘도 안에 담배를 피울 수 있는 장소가 있다.
② 객실에서 나가기 전에 객실을 정리해야 한다.
③ 11시 이전에 직원에게 연락한 후 퇴실해야 한다.
④ 목줄을 사용해야 반려동물과 함께 객실에 들어갈 수 있다.

[2~3] 듣고 질문에 답하십시오.

2 윤아가 도서관에서 화가 나는 이유로 들은 내용과 같은 것에 모두 ✔ 하십시오.

☐ 옆 사람하고 떠드는 사람이 있다.
☐ 작은 소리로 통화를 하는 사람이 있다.
☐ 핸드폰을 무음으로 해 놓는 사람이 있다.
☐ 책이 찢어져서 내용을 알 수 없었던 적이 있다.
☐ 메모가 되어 있거나 그림이 그려져 있는 책도 있다.

3 윤아에 대한 이야기로 들은 내용과 다른 것을 고르십시오. (　　)

① 주말에도 공부를 한다.
② 얼마 후에 시험이 있다.
③ 공부가 잘 안 돼서 힘들 때도 있다.
④ 공공질서를 지키지 않는 사람들 때문에 화가 날 때가 있다.

객실　흡연실　반려동물　목줄　고성방가　퇴실　진동　무음　새치기하다
신경을 쓰다

[4~6] 듣고 질문에 답하십시오.

4 금연 구역에 대한 설명으로 들은 내용과 다른 것은 무엇입니까?(　　)

① 실내뿐만 아니라 실외 금연 구역도 늘어나고 있다.
② 지하철역, 유치원 주변에서 담배를 피우면 안 된다.
③ 도시의 중심에 있는 대부분의 고층건물 안에서는 담배를 피울 수 있다.
④ 금연 구역이 많지만 여전히 길에서 담배를 피우는 사람들을 많이 볼 수 있다.

5 금연 정책이 잘 운영되지 못하는 두 가지 이유는 무엇입니까?

1) ______________________________

2) ______________________________

6 이 뉴스의 뒤에 이어질 내용으로 적당한 것은 무엇입니까? (　　)

① 현재 흡연실이 부족한 나라에 대한 설명
② 실내 금연 구역을 늘리지 않기로 한 나라의 예
③ 올해 서울에서 새롭게 금연 구역으로 지정된 장소 설명
④ 금연 구역과 흡연실을 모두 잘 운영하고 있는 다른 나라의 예

정리해 봅시다

여러분 나라의 공공질서에 대해서 다음과 같이 이야기해 봅시다.

싱가포르에서는 공공질서를 지키지 않으면 많은 벌금을 내야 해요. 무단횡단을 하면 80만 원 정도, 길에 쓰레기를 버리면 30만 원 정도를 내야 해요. 공공 화장실에서 물을 내리지 않아도 벌금을 내요.

구역　실외　정책　흡연자

07과

일상생활

2. 제주도의 맛집

MP3 / 14

• 학습 목표: 맛을 표현하는 내용의 글을 읽고 이해할 수 있다.

Ⅰ. 준비해 봅시다

1 맛집에 자주 갑니까? 한국에서 맛집에 갔던 경험에 대해서 이야기해 봅시다

2 듣고 윤아 씨가 어제 한 일에 모두 ✔ 하십시오.

☐ 사진 찍기
☐ 줄 서서 기다리기
☐ 식당 벽에 사인하기
☐ 친구들과 떡볶이 먹기
☐ 에스엔에스(SNS)에 사진 올리기

II. 읽어 봅시다

다음 글을 읽고 질문에 답하십시오.

제주도의 음식은 색다르다. 육지와는 다른 날씨와 땅의 영향으로 제주도만의 특별한 음식이 발달했다.

느끼하지 않고 담백한 고기 국수

고기 국수는 제주도의 대표적인 전통 음식이다. 제주도에서는 잔칫날 손님에게 흑돼지를 대접했다. 손님에게 대접하고 남은 고기와 뼈를 오래 끓여 많은 양의 국물을 만들고 거기에 면을 넣어 마을 사람들이 함께 나누어 먹은 것이 고기 국수의 시작이다.

제주시 월랑로에는 내가 제주도를 방문할 때마다 가는 고기 국수집이 있다. 맛집으로 텔레비전이나 책에 자주 소개되는 곳인 데다가 스무 명 정도 앉아서 식사할 수 있는 작은 식당이기 때문에 보통 30분에서 1시간 정도 기다려야 한다. 메뉴는 두 가지로 고기 국수와 비빔국수이다. 고기 국수는 흑돼지를 오래 끓여서 만든 진한 국물에 쫄깃한 국수를 말아서 만든다. 국수 위에는 삶은 돼지고기가 놓인다. 고기국물이지만 느끼하지 않고 담백하며 고소하다. 돼지고기를 끓여서 만든 일본의 라멘 국물과 비슷하다는 사람도 있지만 그보다는 짭짤함이 덜하다. 식탁에 놓여 있는 김가루를 국수 위에 뿌려서 먹으면 더 맛있다. 여러 가지 채소와 고추장 그리고 삶은 돼지고기와 함께 먹는 비빔국수도 꼭 먹어 봐야 한다. 매콤하고 새콤한 맛에 고기의 씹는 맛이 더해져 깊은 맛을 느낄 수 있다. 친구와 함께 간다면 고기 국수와 비빔국수를 하나씩 주문해서 나누어 먹어 보는 것도 좋다.

색다르다 육지 쫄깃하다 느끼하다 담백하다 짭짤하다 고소하다 김가루
매콤하다 새콤하다

제주 옛날 고기 국수
위치 제주 제주시 월랑로 4길 71
영업시간 매일 오전 8:00 - 오후12:00

추억의 맛, 빙떡

돌로 이루어져서 곡식이 잘 자라지 못하는 제주도 땅이지만 메밀만큼은 항상 부족함이 없었다. 그래서 제주도에는 메밀로 만든 음식이 많다. 빙떡은 메밀로 만든 제주도의 전통 간식이다. 기름이 거의 없는 철판에 메밀 반죽을 얇게 펴고 삶은 파와 길게 썬 무를 넣어 말아서 만든다. 제주도에서는 약 7백 년 전부터 이 빙떡을 만들어 먹었다고 한다.

익숙하지 않은 이름 때문에 먹어 보기를 미루다가 지난해 겨울 제주 동문시장에 유명한 빙떡집이 있다고 해서 찾아갔다. 작은 포장마차같이 생긴 빙떡집에서 할머니 한 분이 빙떡을 만들고 계셨다. 생각만큼 붐비지는 않았다. 두 명의 손님만이 주문한 빙떡이 나오기를 기다리고 있을 뿐이었다. 20년 넘게 이곳에서 빙떡을 만드셨다는 할머니는 빠르게 빙떡을 말아서 접시에 담아주셨다. 메밀의 담백한 맛과 무의 시원한 맛이 잘 어울렸다. 심심한 맛이 특별했다. 어렸을 때 할머니와 함께 했던 추억이 생각나는 맛, 시간에 쫓기는 도시 생활을 잠시 잊을 수 있는 맛이라고 표현하면 될까?

제주 빙떡
위치 제주 제주시 오일장서길
영업시간 매일 오전 11:00 - 오후 9:00

1 이 글을 쓴 목적은 무엇입니까? (　　　)

① 제주도의 문화를 설명하기 위해서
② 제주도의 맛집을 소개하기 위해서
③ 제주도의 여행지를 소개하기 위해서
④ 요즘 제주도에서 유행하는 음식을 소개하기 위해서

메밀　철판　말다　포장마차

2 제주도 음식에 대한 이야기로 이 글과 다른 것은 무엇입니까? (　　)

① 메밀로 간식을 만들어 먹기도 했다.
② 특별한 손님에게 고기 국수를 대접했다.
③ 육지와 날씨가 달라서 특별한 음식이 발달했다.
④ 농사가 잘 안되는 땅이어서 쌀 대신 메밀을 음식에 많이 사용했다.

3 고기 국수에 대한 글쓴이의 생각으로 맞는 것은 무엇입니까? (　　)

① 일본 라멘보다 국물이 더 짜다.
② 매콤하고 새콤한 맛이 특별하다.
③ 담백한 맛과 고소한 맛을 느낄 수 있다.
④ 김가루를 뿌려서 먹으면 씹는 맛이 더해진다.

4 빙떡과 빙떡집에 대한 설명으로 이 글과 같은 것에 모두 ✔ 하십시오. (　　)

☐ 빙떡은 메밀과 파, 무로 만든다.
☐ 20년 전부터 빙떡을 간식으로 먹기 시작했다.
☐ 글쓴이가 어렸을 때 할머니와 함께 먹던 음식이다.
☐ 맛집으로 유명한 제주 빙떡집에는 생각보다 사람이 없었다.

정리해 봅시다

여러분의 고향에 여러분이 자주 가는 맛집이 있습니까?
친구들이 여러분 고향으로 여행을 간다고 할 때 여러분은 어디를 추천하겠습니까? 보기 와 같이 이야기하십시오.

보기

제 고향은 일본 오사카예요. 오사카는 맛있는 빵이 많이 있는 것으로 유명한데 그 중에서 저는 치즈케이크를 아주 좋아해요. 저희 집 가까운 곳에 유명한 치즈케이크집이 있어요. 이 집의 케이크는 부드럽고 달콤해요. 가격도 비싸지 않고요. 많은 사람들이 이 케이크를 사려고 줄을 서서 기다려요. 관광객들도 많이 찾아와요.

08과

문제와 해결

1. 수리 요청

MP3 / 15

• 학습 목표: 수리 요청 관련 대화를 듣고 이해할 수 있다.

Ⅰ. 준비해 봅시다

1 에어컨에 어떤 문제가 있습니까? 이야기해 봅시다.

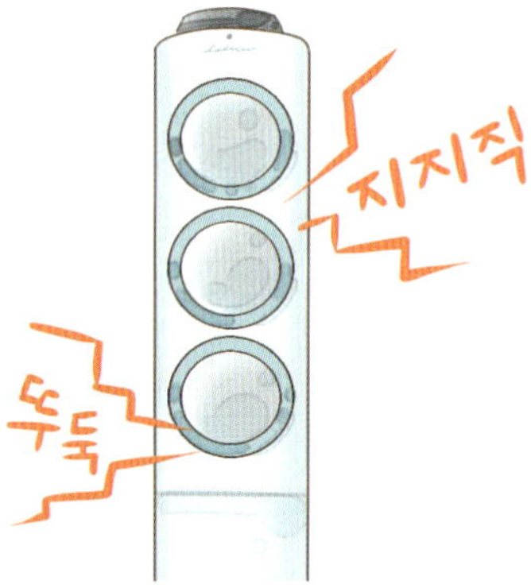

2 다음 글을 읽고 수리 신청 순서에 맞게 번호를 넣으십시오.

매일 전자 제품 수리 신청 방법

1. 매일 전자 고객 센터에 연락해서 상담을 합니다.
2. 고객 센터에서 이메일로 수리/교환 신청서를 보내드립니다.
3. 수리/교환 신청서를 써 주세요.
4. 제품을 잘 포장하신 후, 수리/교환 신청서와 함께 제품을 상자에 넣어 택배를 이용하여 아래의 주소로 보내시면 됩니다.
(택배 서비스는 고객님께서 직접 신청하셔야 합니다.)

- 고객 센터 전화번호: 1588-1234
- 운영 시간: 평일 오전 10시 ~ 오후 7시
- 주소: 서울시 마포구 산천동 199 번지 매일 전자 서비스 센터

(5) 택배 서비스를 신청한다.
(   ) 수리/교환 신청서를 쓴다.
(   ) 고객 센터에 전화한다.
(   ) 물건을 포장한다.
(   ) 상담을 한다.
(   ) 물건을 보낸다.

Ⅱ. 들어 봅시다

[1] 듣고 질문에 답하십시오.

1 에어컨에 생긴 문제가 아닌 것은 무엇입니까? (　　　)

① 바람이 약하다.
② 잘 켜지지 않는다.
③ 냄새가 나는 것 같다.
④ 차가운 바람이 나오지 않는다.

[2~3] 듣고 질문에 답하십시오.

2 화장실에 생긴 문제가 아닌 것은 무엇입니까? (　　　)

① 605호 화장실 천장에서 물이 떨어진다.
② 605호 화장실의 천장에 얼룩이 생겼다.
③ 세면대 윗부분의 천장이 제일 많이 젖었다.
④ 605호 화장실 바닥에서 물이 새고 있는 것 같다.

3 들은 내용과 같은 것에 모두 ✔ 하십시오. (　　　)

☐ 윗집 사람이 전화해서 방문 시간을 알려줄 것이다.
☐ 605호에 사는 사람이 수리를 한 후 비용을 낼 것이다.
☐ 605호에 사는 사람은 먼저 관리사무소에 문제를 이야기했다.
☐ 관리 사무소 담당자는 어디에 문제가 생겼는지 잘 모른다고 했다.

[4~6] 듣고 질문에 답하십시오.

4 기숙사 세탁실의 문제가 아닌 것은 무엇입니까? (　　　)

① 세탁기 수가 부족하다.
② 고장이 자주 나는 세탁기가 있다.
③ 세탁기 수리 요청 방법이 복잡하다.
④ 빨래를 하면 더러운 것이 묻어 나온다.

설치하다　사람을 부르다　물이 새다　세면대　욕조　세탁실　인원　교체하다
정수기　낡다

5 대화의 내용과 다른 것을 고르십시오. (　　)

① 기숙사 정수기는 오래 되었다.
② 1동 기숙사의 난방에 불만이 있다.
③ 기숙사 세탁기를 교체한 지 얼마 되지 않았다.
④ 휴게실의 정수기는 학생들이 직접 관리해야 한다.

6 다음은 이 대화 후 기숙사 온라인 게시판에 올려진 글입니다. 빈칸을 채우십시오.

연세대학교　　　　　　　　　　　　　　　　　　　　　　　　　온라인 게시판

지난주에 기숙사의 관리실 팀장님을 만나서 이야기한 내용입니다.

- 세탁실 관리 문제는 우선은 우리 학생들 스스로 조심해서 사용해야 한다고 합니다. 그리고 2대를 더 구입하겠 다고 하셨습니다.
- 1동의 경우 ______________________다고 하는 의견이 있었는데 ______________________다고 하셨습니다.
- 2동의 경우 휴게실이 관리가 안 되고 있다는 의견을 전달했습니다. 정수기는 앞으로 ______________________다고 하셨습니다.

더욱 좋은 기숙사 환경을 위해서 앞으로도 노력하겠습니다.

-학생 대표 김민수 -

정리해 봅시다

수리를 요청한 적이 있습니까? 어떤 이상이 있었습니까? 어떻게 해결했습니까? 보기와 같이 이야기해 봅시다.

보기

지금 살고 있는 원룸의 화장실 문이 잘 닫히지 않았습니다. 건물 주인 아주머니께 전화로 말씀 드렸습니다. 아주머니께서...

기숙사 휴게실의 텔레비전이 고장 났습니다. 기숙사 관리실로 찾아가서 고쳐 달라고 요청했어요. 그래서...

08과 문제와 해결

2. 작은 용기

MP3 / 16

• 학습 목표: 이웃 간의 문제를 해결한 이야기를 읽고 이해할 수 있다.

Ⅰ. 준비해 봅시다

1 어떤 행동이 이웃에게 피해를 줄 수 있을까요? 이야기해 봅시다.

2 듣고 안내 방송을 하는 이유를 고르십시오. (　　)

① 공사 계획을 알리려고

② 소음 문제를 해결하기 위해서

③ 베란다 먼지 청소 방법을 알려주려고

④ 관리 사무소 공사 시간을 알려 주려고

II. 읽어 봅시다

다음 글을 읽고 질문에 답하십시오.

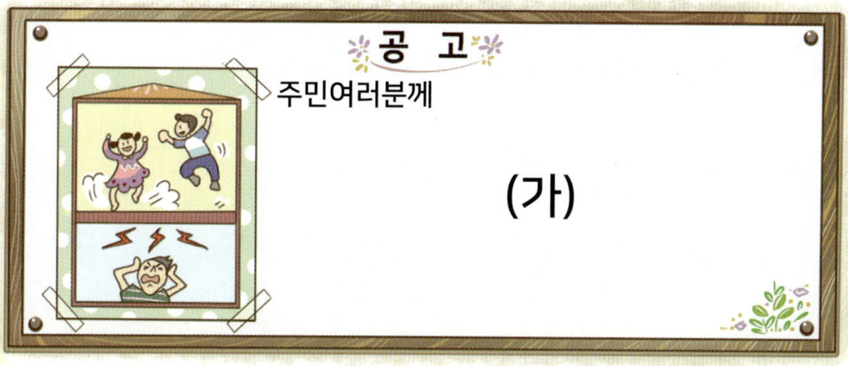

어느 아파트에서나 볼 수 있는 안내문이다. 5살과 7살짜리 두 아들을 키우고 있는 나 역시 이 문제에서 자유로울 수는 없다. 결혼 전에 윗집에 살던 아이들이 낮과 밤을 가리지 않고 뛰어다니는 바람에 심한 스트레스를 받았던 기억이 있다. 참다가 결국 올라가서 항의해도 효과는 그때뿐이어서 큰 싸움이 날 뻔한 적도 있다. 그때는 도대체 왜 엄마가 아이들을 통제하지 못하는지 이해할 수가 없었다. 하지만 지금은 그때 내가 왜 마음이 조금 더 넓지 못했는지 후회가 된다.

결혼 후 아이들이 커갈수록 아이들을 집에서 뛰지 못하게 하는 것이 내게 가장 중요한 일이 되었다. 하지만 뛰어 노는 것이 당연한 나이의 아이들을 완벽히 통제하는 것은 불가능했고 한 달에 몇 번씩은 아랫집에서 조용히 해 달라는 요청이 왔다. 경비실을 통해서 연락을 하기도 하고 직접 우리 집으로 찾아오기도 했다. 결국 아랫집과는 어색한 사이가 되어 버렸다. 내가 아이들에게 화를 내는 횟수는 점점 늘어났고 우리 가족에게 가장 편해야 할 장소는 가장 불편한 곳이 되었다.

이번에 새 집으로 이사를 하면서 다시는 그런 생활을 반복할 수 없다는 생각이 들었다. 용기를 내어 아랫집에 찾아가기로 했다. 잘못을 한 것은 아니지만 먼저 양해를 구해 보겠다라는 생각이었다.

"안녕하세요? 윗집에 이사 온 사람입니다. 인사도 드리고 양해를 구해야 할 것이 있어서 왔어요. 저희 집에 아이들이 있는데 혹시라도 시끄러울 수도 있을 것 같다는 생각에

항의하다 도대체 통제하다 완벽히 늘어나다 용기를 내다 양해를 구하다

찾아왔어요. 물론 집에서 조심 시키겠지만 시끄러우면 편하게 바로 연락을 해 주세요."

"아, 네 알겠습니다. 이렇게 찾아오시기까지 하시고 감사하네요. 아이들이 그럴 수도 있지요. 뭐"

"이해해 주셔서 감사합니다. 불편하시면 꼭 연락 주세요. 그리고 이것 좀 드세요."

조금은 가벼워진 마음으로 집에 돌아온 나는 윗집에도 찾아갔다. 가끔 쿵쿵거리는 소리가 들렸는데 역시 아이들이 있는 집이었다.

"안녕하세요, 아랫집에 이사 왔습니다. 이 집에도 아이들이 있는 것 같은데 저희 아이들도 아직 어려서 이해할 수 있으니까 너무 조심하지 않으셔도 돼요. 그리고 저희가 오래 집을 비울 때는 말씀드릴 테니까 아이들이 마음대로 뛰어놀게 하세요."

그 후로 아랫집에서 아이들이 시끄럽다고 항의를 한 적이 없다. 우리 아이들이 조용해진 것은 결코 아니지만 가끔 마주치면 아주 귀여워해 주신다. 나는 감사해서 종종 음식을 들고 찾아가기도 한다. 물론 윗집과도 매우 좋은 사이를 유지하고 있다. 전에는 상상할 수 없던 일이었다. 작은 용기를 냈고 또 좋은 이웃을 만난 덕분에 생활이 편안해졌다. 그동안 왜 이렇게 하지 못했을까? 이렇게 조금만 서로 이해하고 배려한다면 훨씬 행복한 사회가 되지 않을까 하는 생각이 드는 요즘이다.

1 (가)에 들어갈 내용으로 알맞은 것을 고르십시오. (　　)

① 아이들이 우리의 미래입니다.
② 안전한 아파트! 우리가 만들어 나갑시다!
③ 밝은 미소로 먼저 인사하면 하루가 행복해집니다. 인사합시다!
④ 아파트의 벽과 바닥은 이웃과 함께 사용하는 것입니다. 배려합시다!

2 이 글의 내용과 같은 것은 무엇입니까? (　　)

① 아이들은 이사 후 집에서 뛴 적이 없다.
② 결혼 전에 글쓴이는 이웃과 사이가 좋았다.
③ 이사 후 이웃들과 좋은 관계를 유지하고 있다.
④ 새로 이사 간 곳에서 이웃이 화를 내서 글쓴이가 사과를 했다.

쿵쿵거리다　비우다　마음대로　결코　마주치다　종종

3 글쓴이는 왜 아랫집에 갔습니까?

---

4 이 글을 잘 이해하지 못한 사람은 누구입니까? (　　)

① 하늘: 잘못을 했으면 최대한 빨리 사과를 해야 해.
② 흐엉: 이웃과의 관계가 생활에 많은 영향을 줄 수 있어.
③ 리에: 이웃 간에 서로 배려하는 것이 참 중요한 것 같아.
④ 영수: 다른 사람을 이해해 보려고 노력해 보는 것이 필요해.

Ⅰ. 정리해 봅시다

이웃에게 양해를 구해야 합니다. 다음의 상황에서 어떻게 이야기하겠습니까? 보기와 같이 이야기해 봅시다.

상황. 1 내일 우리 집에서 파티가 열릴 예정이다.

보기

안녕하세요. 101호에 사는 사람입니다. 내일 저희 집에서 파티를 하는데요. 조금 시끄러울 수도 있을 것 같아서 미리 말씀 드리려고 찾아왔어요.

상황. 2 큰 짐이 있어서 10일 정도 집 앞에 놓아두어야 한다.

상황. 3 가구를 새로 사서 설치하는데 소음이 있을 것 같다.

복습

1 다음 글을 읽고 질문에 답하십시오.

한국에서 지하철을 타면 분홍색 좌석이 보이는데 이것은 임신한 여성들, 즉 임산부들을 위해서 만들어진 '임산부 배려석'이다. 요즘 임신하고 아기를 낳는 여성들이 점점 줄고 있는 것이 한국 사회의 큰 문제이다. 그래서 서울시는 임산부를 먼저 배려하는 사회 분위기를 만들기 위해 열차 한 칸에 두 좌석씩 임산부 배려석을 만들어서 운영하기 시작했다.

임산부 배려석은 처음에 좋은 뜻으로 시작되었지만 요즘 임산부 배려석에 대한 갈등이 심해지고 있다. 서울시는 평소에도 임산부 배려석을 비워 두라고 권한다. 임신해서 힘들고 피곤한 임산부들이 지하철을 타면 언제든지 편하게 앉아서 갈 수 있도록 하기 위해서이다. 특히 초기 임산부들은 아직 배가 많이 나오지 않아서 지하철에서 자리를 양보 받기가 힘들기 때문에 평소에도 임산부 배려석을 비워 둘 필요가 있다고 설명한다.

그러나 이를 반대하는 사람들은 임산부 배려석을 비워 두는 것은 어디까지나 '배려'이지 '의무'가 아니라고 말하면서 임산부 배려석이 법적 강제력이 없다는 사실을 강조한다. 그들은 누구나 지하철을 타면 자리에 앉아서 가고 싶고, 자리가 비어 있을 때 앉아 있다가 임산부가 타면 그때 양보해도 되는데 왜 평소에도 비워 둬야 하는지 모르겠다고 한다. 어떤 사람들은 사회 전체가 충분하게 의논하고 대화해서 결정된 것이 아닌데 양보를 강요당하는 것 같다고 불평한다. 또 다른 사람들은 임신하지 않은 여성들이 이 제도를 악용하여 임산부 배려석에 자주 앉는다는 조사 결과를 언급하며 임산부 배려석을 비워 두는 것에 반대한다.

이에 대해서 임산부들은 어떻게 생각할까? 그들은 임산부 배려석이 비어 있지 않으면 앉기가 힘들다고 한다. 임산부 배려석에 앉아 있다가 임산부가 타면

임신하다 임산부 초기 법적 강요당하다 제도 악용하다 언급하다

그때 양보하면 된다고 말하는 사람들도 있지만 실제로 배려석에 앉아서 휴대 전화를 열심히 보고 있는 사람에게 양보해 달라는 말을 쉽게 할 수 있는 사람은 많지 않을 것이다.

'약자를 배려하자'고 말하는 사람들과 '양보는 자유'라고 말하는 사람들의 갈등은 앞으로도 계속될 것으로 보인다. 전문가들은 최근 늦은 나이에 아기를 낳는 사람들이 많아져서 유산의 가능성도 높아지고 있다고 말하면서 임산부들의 어려움을 줄여 주는 문제는 생명과 연결된 것임을 널리 홍보해야 한다고 강조하고 있다.

1. **임산부 배려석을 비워 둬야 한다고 말하는 사람들의 생각이 아닌 것은 무엇입니까? (　　)**

① 임산부 배려석을 비워 두는 것은 법적 의무이다.
② 임신해서 힘들고 피곤한 임산부들을 배려해야 한다.
③ 자리를 비워 두어야 임산부들이 언제든지 편하게 앉을 수 있다.
④ 초기 임산부들은 배가 많이 나오지 않았기 때문에 자리를 양보 받기 힘들다.

2. **임산부 배려석을 비워 둘 필요가 없다고 말하는 사람들의 생각이 아닌 것은 무엇입니까? (　　)**

① 강요당하는 것 같아서 기분이 나쁘다.
② 이 제도를 악용하는 여성들이 있는 것 같다.
③ 앉아 있다가 임산부가 탔을 때 양보해도 늦지 않다.
④ 초기 임산부들은 앉아서 가는 것이 오히려 건강에 안 좋다.

유산　홍보하다

복습

3. **이 글의 내용과 같은 것을 고르십시오. (　　)**

① 열차 한 칸에 임산부 배려석은 4개가 있다.
② 요즘 어린 나이에 아기를 낳는 여성들이 많아졌다.
③ 임산부 배려석을 비워 두는 것에 대한 갈등이 앞으로도 계속될 것이다.
④ 임산부들이 배려석에 앉아 있는 사람에게 양보를 부탁하는 것은 어려운 일이 아니다.

4. **여러분은 임산부 배려석에 대해서 어떻게 생각하십니까? 쓰십시오.**

1) 임산부 배려석이 필요하다고 생각하십니까?

2) 임산부 배려석을 평소에도 비워 두는 것에 대해서 어떻게 생각하십니까?

이웃사촌

요즘 윗집과 아랫집이 시끄러운 소리나 반려동물 때문에 싸우는 일이 많아지고 있습니다. 이러한 이웃 간의 갈등 때문에 이사를 가는 사람들도 있습니다. 하지만 옛날부터 한국 사람들은 이웃과 잘 어울리면서 가깝게 지내는 것을 중요하게 생각했습니다. 그래서 한국에는 '가까운 이웃이 먼 친척보다 낫다.', '이웃사촌'이라는 말이 있습니다. 가까운 이웃이 먼 친척보다 낫다는 말은 가까운 곳에 사는 이웃이 내가 힘들고 어려울 때 먼 곳에 사는 친척보다 나를 더 잘 도와줄 수 있기 때문에 친척보다 더 낫다는 의미입니다. 이웃사촌은 서로 가까이 살면서 정이 들어서 사촌처럼 가까운 사이가 된 이웃을 의미하는 말입니다.

1. **'이웃사촌'의 뜻은 무엇입니까?**

2. **여러분 나라에도 이웃과 관련된 속담이 있습니까?**

09과 정보화 사회

1. 우리 사회의 가짜 뉴스

MP3 / 17

• 학습 목표: 가짜 뉴스에 대한 이야기를 듣고 이해할 수 있다.

Ⅰ. 준비해 봅시다

1 어떤 사람들이 가짜 뉴스를 만들까요? 왜 만들까요?

2 가짜 뉴스인지 확인해 보는 방법으로 다음 글에서 말한 내용과 <u>다른</u> 것을 고르십시오. (　　)

	어느 신문사에서 기사를 썼는지 확인해 보세요. 믿을 만한 곳인가요?
	근거를 확인해 보세요. 근거가 뉴스 내용과 관련이 있나요?
	글을 쓴 사람을 확인해 보세요. 실제 있는 사람인가요?
	날짜를 확인해 보세요. 최근 뉴스가 맞나요?

① 누가 기사를 썼는지 확인한다.
② 옛날 뉴스가 아닌지 확인한다.
③ 믿을 만한 곳에서 기사를 썼는지 확인한다.
④ 뉴스에 글쓴이의 주장이 분명하게 나타났는지 확인한다.

근거

Ⅱ. 들어 봅시다

[1] 듣고 질문에 답하십시오.

1 여자는 무엇에 대해서 말하고 있습니까? (　　)

① 가짜 뉴스의 내용
② 가짜 뉴스를 만드는 목적
③ 가짜 뉴스를 볼 수 있는 사이트
④ 가짜 뉴스와 진짜 뉴스의 차이점

[2~3] 듣고 질문에 답하십시오.

2 두 사람은 무엇에 대해서 이야기합니까? (　　)

① 기술 발전의 필요성
② 온라인에서 본 가짜 영상
③ 신문에서 읽은 가짜 뉴스
④ 진짜 영상과 가짜 영상을 구분하는 방법

3 들은 내용과 다른 것을 고르십시오. (　　)

① 인공 지능 기술을 이용해서 가짜 뉴스를 만들 수 있다.
② 여자는 뉴스의 사실 여부를 확인해야 한다고 생각한다.
③ 남자는 영상으로 본 뉴스를 가짜라고 의심하지 않았다.
④ 두 사람은 가짜 영상을 만드는 기술을 배우고 싶어 한다.

넘쳐나다　정치적　의심　인물　발전되다　여부

[4~6] 듣고 질문에 답하십시오.

4 들은 내용과 다른 것을 고르십시오. (　　)

① 요즘 누구나 쉽게 가짜 뉴스를 만들 수 있게 되었다.
② 가짜 뉴스 때문에 피해를 보는 개인이나 단체가 있다.
③ 진짜 뉴스와 가짜 뉴스를 구분하기가 점점 더 어려워지고 있다.
④ 대부분의 사람들이 가짜 뉴스를 막는 법이 필요하다고 생각한다.

5 가짜 뉴스를 막는 정부의 법을 반대하는 사람들의 생각은 무엇입니까? (　　)

① 정부의 법은 우리 사회를 분열시킬 수 있다.
② 아직까지 가짜 뉴스 때문에 큰 문제가 없었다.
③ 가짜 뉴스를 막으면 표현의 자유를 해칠 수 있다.
④ 가짜 뉴스를 막기 위해서 너무 많은 비용이 든다.

6 듣고 가짜 뉴스의 특징을 쓰십시오.

1)	
2)	
3)	제목이 너무 자극적이다.

전달되다　자극적　분열시키다　선별하다

Ⅰ. 정리해 봅시다

여러분은 가짜 뉴스를 막는 정부의 법에 대해서 어떻게 생각합니까?

찬성	반대
• 가짜 뉴스 때문에 우리 사회의 믿음이 흔들린다 • 표현의 자유를 이용해서 정치적인 목적으로 가짜 뉴스를 만드는 사람들이 있다.	• 표현의 자유를 해치면 안 된다. • 무엇이 가짜 뉴스이고 무엇이 진짜 뉴스인지 정부가 법으로 선별하는 것은 위험하다.

09과 정보화 사회

2. 회사의 휴대 전화 사용 제한

MP3 / 18

• 학습 목표: 회사의 휴대 전화 사용 제한에 대한 글을 읽고 이해할 수 있다.

Ⅰ. 준비해 봅시다

1 누가 여러분이 휴대 전화를 사용하는 것을 제한한 적이 있습니까?

2 듣고 미정 씨가 이어서 할 행동을 고르십시오. (　　)

① 회사에서 주는 휴대 전화를 받으러 간다.
② 팀장한테 자신이 결정한 내용을 말하러 간다.
③ 우진 씨와 함께 새로 나온 휴대 전화를 사러 간다.
④ 회사에서 직원들에게 설치하라고 말한 앱을 설치한다.

제한하다

II. 읽어 봅시다

다음 글을 읽고 질문에 답하십시오.

아침 출근 시간에 한국 전자의 정문 앞에는 직원 몇 명이 줄을 서서 자기 차례를 기다리고 있다. 이들은 회사의 모바일 기기 관리 앱(Mobile Device Management App., MDM App.)을 휴대 전화에 설치하지 않겠다고 결정한 직원들이다. 모바일 기기 관리 앱이란 휴대 전화나 휴대용 컴퓨터와 같은 모바일 기기의 특정 기능을 제한하고 업무와 관련된 사용 내용을 기록하는 앱이다. 한국 전자 직원 중 모바일 기기 관리 앱을 설치하지 않은 직원들은 출근할 때 회사 정문에서 휴대 전화의 카메라 렌즈에 스티커를 붙이고 들어와야 한다. 앱을 휴대 전화에 설치한 직원들은 스티커를 붙이지 않고 정문을 통과할 수 있지만 회사에 들어가면 자동적으로 휴대 전화의 카메라와 음성 녹음 기능이 꺼진다.

최근 한국 전자 직원이 회사의 중요한 기술을 회사 몰래 다른 나라 기업에 팔려고 하다가 경찰에게 잡히는 사건이 발생했다. 그 후부터 많은 회사들이 모바일 기기를 관리할 수 있는 모바일 기기 관리 시스템을 도입하고 직원들에게 모바일 기기 관리 앱을 설치하도록 하고 있다.

회사들을 포함해서 모바일 기기 관리 앱 설치를 찬성하는 사람들은 회사의 중요한 기술이 밖으로 새어 나가는 것을 막기 위해서 앱 설치가 꼭 필요하다고 말한다. 또한 이들은 앱을 설치하는 것이 회사뿐만 아니라 회사에서 일하는 직원들과 국가를 위해서도 중요하다고 강조한다. 회사의 중요한 기술이 밖으로 새어 나가서 회사가 큰 손해를 입으면 회사 직원들과 거래처 직원 등 관련된 모든 사람들이 회사의 손해와 무관할 수가 없다. 그리고 더 나아가서 다른 나라 기업이 우리나라 회사의 중요한 기술을 손에 넣게 되는 것은 국가 전체적으로도 손해이다.

그러나 많은 사람들이 모바일 기기 관리 앱 설치를 반대하고 있다. 직원이 회사의 앱을 설치하면 회사가 직원의 위치와 이메일 대화 내용 등 모든 개인 정보

감시하다 통과하다 자동적 발생하다 휴대용 도입하다 거래처 손해
무관하다 손에 넣다 전체적

를 볼 수 있기 때문이다. 겉으로는 중요한 기술을 지키기 위한 목적이라고 하지만 회사는 언제든지 직원을 감시하는 목적으로 모바일 기기 관리 앱을 악용할 수 있고 이것은 직원들의 인권을 무시하는 것이기도 하다. 어떤 직원들은 회사의 중요한 기술을 몰래 팔려고 했던 한두 사람의 잘못 때문에 다른 모든 직원들이 의심을 받는 것 같아서 기분 나쁘다고 말한다. 또한 개인이 자기 돈으로 구매한 휴대 전화를 사용하는데 이것을 회사가 제한하는 것은 옳지 않다고 말하는 사람들도 있다.

반대의 목소리가 커지자 어떤 회사는 회사 소유의 휴대 전화를 직원들에게 나누어 주고 그 속에 모바일 기기 관리 앱을 설치하고 있다. 한국 전자처럼 찬성하는 직원들만 앱을 설치하고 반대하는 직원들은 회사 정문에서 휴대 전화의 카메라 렌즈에 스티커를 붙이고 들어오도록 하는 곳도 있다. 회사의 중요한 기술을 지키는 것, 그리고 개인의 인권 문제 그 어느 것도 중요하지 않은 것이 없으므로 모바일 기기 관리 앱 설치는 충분히 생각하고 의논해서 결정되어야 할 것이다.

1 한국 전자의 직원들은 왜 회사 정문 앞에서 줄을 서서 자기 차례를 기다리고 있습니까? (　　)

① 자기 이름이 적힌 스티커를 받기 위해서
② 휴대 전화에 설치한 앱을 검사받기 위해서
③ 휴대 전화 카메라 렌즈에 붙일 스티커를 받기 위해서
④ 회사에 들어가기 전에 자기 휴대 전화를 맡기기 위해서

2 모바일 기기 관리 앱을 찬성하는 사람들의 의견이 아닌 것을 고르십시오. (　　)

① 앱을 설치하는 것은 국가에도 도움이 된다.
② 우리나라 기업의 중요한 기술을 지켜야 한다.
③ 회사의 손해는 거래처 등 관련된 모든 사람들에게 영향을 끼친다.
④ 카메라에 렌즈에 스티커를 붙이기 위해서 기다리는 시간이 너무 길다.

소유　인권

3 모바일 기기 관리 앱을 반대하는 사람들의 의견이 아닌 것을 고르십시오. (   )

① 개인의 인권을 무시하는 것이다.
② 회사가 앱을 감시의 수단으로 악용할 수 있다.
③ 회사에서는 회사 소유의 휴대 전화를 사용해야 한다.
④ 한두 사람의 잘못 때문에 직원 모두가 의심 받는 것 같다.

4 이 글의 내용과 같은 것을 고르십시오. (   )

① 한국 전자의 모든 직원들이 모바일 기기 관리 앱을 설치했다.
② 한국 전자의 직원이 회사의 중요한 기술을 다른 나라 기업에 팔았다.
③ 모바일 기기 관리 앱을 설치하면 회사가 직원의 개인 정보를 알 수 있다.
④ 모바일 기기 관리 앱을 설치하지 않으면 회사 안에서 휴대 전화를 사용할 수 없다.

정리해 봅시다

여러분은 모바일 기기 관리 앱에 대해서 어떻게 생각하십니까?

찬성	반대
회사의 중요한 기술을 지키기 위해서 꼭 필요하다.	회사가 언제든지 직원을 감시하기 위해서 악용할 수 있다.

10과 현대인의 모습

1. 일과 생활

MP3 / 19

• 학습 목표: 일과 생활에 대한 내용을 듣고 이해할 수 있다.

I. 준비해 봅시다

1 여러분 인생에서 중요한 것은 무엇입니까? 순서대로 이야기해 보십시오.

2 다음 글을 읽고 이 회사는 어떤 사람을 구하는지 고르십시오. (　　)

업무 내용	인 원0명	근무지
일반 사무 업무	0명	서울 여의도

◎ 지원 자격

경력 2년 이상

전공, 자격증 조건 없음

영어로 의사소통이 가능한 사람

◎ 근무 조건

연　　봉: 면접 후 결정

근무 형태: 주 5일, 50 시간 근무

① 신입 사원
② 대학원을 졸업한 사람
③ 영어를 할 수 있는 사람
④ 주말에도 일할 수 있는 사람

II. 들어 봅시다

[1] 듣고 질문에 답하십시오.

1 유키 씨는 회사를 옮긴 후 무엇이 달라졌습니까? (　　)

① 월급이 많아졌다.
② 건강이 좋아졌다.
③ 스트레스가 늘었다.
④ 자기 시간이 줄었다.

[2~3] 듣고 질문에 답하십시오.

2 요즘 기업들이 왜 근무 환경을 바꾸려고 노력하고 있습니까?

____

3 각 회사에서 만든 제도를 맞게 연결하십시오.

세계 우유 •	• 생일에는 오전에만 근무할 수 있다.
	• 5년마다 한 달 동안 휴가를 낼 수 있다.
세종 전자 •	• 오전 중에 시간을 선택해서 출근할 수 있다.
	• 퇴근 시간이 가까워졌을 때 일을 시킬 수 없다.
국제 식품 •	• 아이가 초등학교에 입학하면 휴가를 낼 수 있다.

[4~6] 듣고 질문에 답하십시오.

4 일중독이 생기는 원인이 아닌 것은 무엇입니까? (　　)

① 경쟁이 심하기 때문에
② 성과가 중요하기 때문에
③ 돈을 더 벌고 싶기 때문에
④ 빨리 변하는 시대이기 때문에

5 일중독의 문제가 아닌 것을 고르십시오. (　　)

① 쉬지 못한다.
② 병에 쉽게 걸린다.
③ 사람들과 문제가 있다.
④ 업무에 만족하지 못한다.

최근　마련하다　철학자　노동　경쟁　성과　뒤떨어지다　일중독

6 일중독을 피하는 방법을 고르십시오. (   )

① 일과 관련된 취미 생활을 한다.
② 일하는 중간에 쉬는 시간을 갖는다.
③ 회사 밖에서 동료들을 자주 만난다.
④ 시간을 낭비하지 않도록 계획적으로 산다.

Ⅱ. 정리해 봅시다

여러분은 시간적 여유가 있다면 뭘 하고 싶습니까? 보기와 같이 이야기하십시오.

보기

운동, 취미, 자기계발, 건강 관리 …

저는 시간적 여유가 있다면 여행을 하고 싶어요. 일상에서 벗어나서 자유로운 기분도 느낄 수 있고 새로운 경험을 하는 것도 재미있어요.

10과 현대인의 모습

2. 편리한 의사소통 수단

MP3 / 20

• 학습 목표: 휴대 전화에 대한 내용을 읽고 이해할 수 있다.

Ⅰ. 준비해 봅시다

1 여러분은 휴대 전화로 무엇을 합니까? 휴대 전화의 장점과 단점은 무엇입니까?

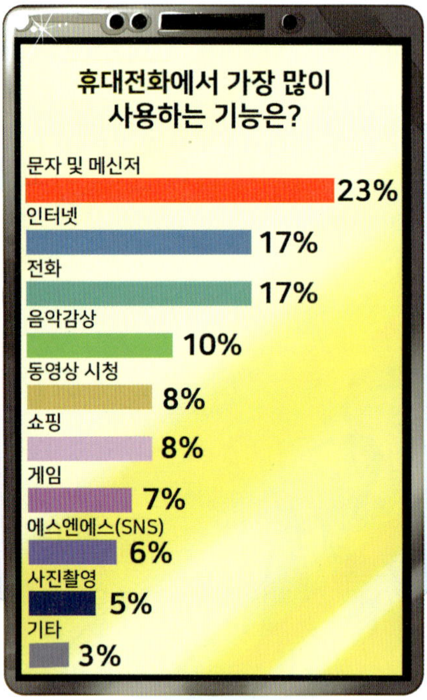

2 듣고 이메일 주소를 만들 때 왜 골뱅이(@)가 선택되었는지 고르십시오. (　　)

① 오랫동안 사용되어서
② 나라마다 이름이 달라서
③ 잘 사용되지 않을 것 같아서
④ 모양이 특별하고 재미있어서

골뱅이

Ⅱ. 읽어 봅시다

다음 글을 읽고 질문에 답하십시오.

1983년에 나온 최초의 휴대 전화는 무게가 1kg, 길이가 33cm로 벽돌만큼 크고 무거워서 들고 다니기 힘들 정도였지만 당시 가격은 2백만 원 정도로 부자들만이 살 수 있었다. 이때는 다른 기능이 전혀 없었고 단순히 음성 통화만 할 수 있었다. 그 후 휴대 전화는 계속 발전해서 '손안의 컴퓨터'라고 불리게 되었고 지금은 사람과 세상을 이어주는 물건으로 우리의 일상생활을 완전히 바꾸어 놓았다고 할 수 있다.

휴대 전화로 우리는 다양한 것을 할 수 있는데 그 역할은 다음과 같다. 첫째, 편리한 의사소통 수단이다. 우리는 휴대 전화로 단순히 통화와 문자뿐만 아니라 이메일, 에스엔에스(SNS)까지 사용할 수 있다. 특히 에스엔에스(SNS)를 통해서 시간과 장소에 상관없이 멀리 있는 친구들이나 전 세계의 많은 사람들과 한꺼번에 연결되어 빠르고 편리하게 이야기할 수 있다. 둘째, 재미있는 놀이 도구의 역할을 한다. 심심할 때 휴대 전화로 게임을 하거나 음악을 듣거나 책이나 영화, 드라마 등을 볼 수 있다. 셋째, 일상생활에서 비서 역할을 한다. 휴대 전화로 알람, 일정 관리, 쇼핑, 은행 업무, 공연 예약, 정보 검색, 메모 등을 할 수 있다. 아침에 휴대 전화의 알람 소리에 잠에서 깨고 출근하면서 휴대 전화의 달력 앱으로 오늘의 일정을 확인한다. 인터넷으로 송금도 편리하게 할 수 있고 백화점에 가지 않아도 쇼핑할 수 있다.

이렇게 편리하게 세상과 교류할 수 있는 휴대 전화이지만 항상 좋은 것만은 아니다. 사람들은 보통 하루에 60번 정도 휴대 전화를 보고 하루에 거의 4시간 정도 휴대 전화를 사용한다고 한다. 이렇게 지나치게 휴대 전화를 사용하면서 여러 가지 문제도 생기고 있다.

첫째, 건강에 좋지 않은 영향을 끼친다. 오랜 시간 휴대 전화를 보면 눈이 피곤해지고 눈 건강에 나쁜 영향을 미쳐서 시력이 떨어진다. 또한 휴대 전화를 볼 때 목이 앞으로 기울어져서 목에 이상 증상이 나타나기도 한다. 둘째, 기억력이 떨어진다. 모든 것을 휴대 전화에 의존하다 보니 가족의 전화번호나 생일이 생각나지 않거나 일상생활에서 여러 가지 일들을 깜빡하는 경우가 많아졌다. 셋째, 직접적인 인간관계가 약해진다. 인터넷에서 맺는 간접적인 인간관계가 크게 늘어나면서 가족이나 친구 같이 옆에 있는 사람들과 직접적으로 대화하는 일은

발전하다　송금　지나치다　시력　기울다　의존하다

오히려 줄어들고 있다. 또한 지나치게 휴대 전화를 사용하는 사람들은 얼굴을 마주보고 목소리나 표정으로 감정을 전달해야 하는 직접적인 대화에 어려움을 느낀다고 한다. 특히 이런 문제는 아이들에게 더 심각한데 지나치게 휴대 전화를 보면서 자란 아이들은 친구 관계에 어려움을 겪거나 우울증에 걸리기 쉽다.

휴대 전화의 문제가 커지면서 휴대 전화를 덜 사용하려는 움직임도 있다. 미국의 한 시민 단체는 매년 3월 23일 하루 동안 휴대 전화를 쓰지 말자는 운동을 벌이고 있다. 캐나다에서도 한 시민 단체가 사용자가 시간을 맞춰 놓으면 그 시간 동안 휴대 전화를 사용하지 못하게 하는 앱을 개발해서 많은 사람들이 사용할 수 있도록 했다. 우리나라에서도 정부에서 휴대 전화에 지나치게 의존하지 않도록 다양한 교육을 하거나 전문가와의 상담을 마련하는 등 휴대 전화 사용을 줄이기 위해서 다양한 노력을 하고 있다. 이처럼 개인과 사회가 휴대 전화를 바르게 사용하기 위해서 노력한다면 휴대 전화는 더 편리한 의사소통 수단이 될 것이다.

1 각 단락의 주제를 순서대로 쓰십시오.

(가) 휴대 전화의 기능은 여러 가지가 있다.
(나) 휴대 전화가 여러 가지 나쁜 영향을 미친다.
(다) 현대인들은 휴대 전화를 지나치게 많이 사용한다.
(라) 휴대 전화를 바르게 사용하려는 움직임이 일어났다.
(마) 휴대 전화는 우리의 생활을 변화시킬 만큼 많이 발전했다.

(　　　) → (　　　) → (　　　) → (　　　) → (　　　)

2 휴대 전화의 역할이 <u>아닌</u> 것을 고르십시오. (　　)

① 휴대 전화를 통해 일정을 관리할 수 있다.
② 휴대 전화로 책이나 영화 등을 볼 수 있다.
③ 직접적인 인간관계에 좋은 영향을 끼친다.
④ 시간과 장소에 상관없이 의사소통할 수 있다.

마주보다　전달하다　벌이다　개발하다

3 휴대 전화 때문에 생기는 문제를 3가지 쓰십시오.

1) ______________________________

2) ______________________________

3) ______________________________

4 지나친 휴대 전화의 사용으로 인한 문제를 해결하기 위한 설명으로 맞는 것을 고르십시오. (   )

① 기업들도 이 문제를 해결하기 위해서 적극적으로 노력하고 있다.
② 한국에서는 휴대 전화 사용을 줄이기 위한 새로운 법을 마련했다.
③ 미국에서는 하루를 정해서 휴대 전화를 사용하지 않는 운동을 하고 있다.
④ 캐나다에서는 하루 종일 휴대 전화를 사용하지 못하게 하는 앱을 개발했다.

III. 정리해 봅시다

휴대 전화를 어떻게 하면 바르게 사용할 수 있을까요? 여러분이 할 수 있는 것에 ✔ 하고 이야기해 보십시오.

☐ 이메일 로그아웃하기
☐ 불필요한 앱은 지우기
☐ 목적 없이 휴대 전화 켜지 않기
☐ 에스엔에스(SNS) 알림 기능 끄기
☐ 휴대 전화로 책을 보는 대신 종이책 보기
☐ 운전하거나 걸을 때 휴대 전화 사용하지 않기
☐ 휴대 전화 사용량을 확인하고 사용 시간 정하기
☐ 식사할 때나 잠자리에서 휴대 전화 사용하지 않기

복습

1 다음 글을 읽고 질문에 답하십시오.

인터넷은 현대인에게 공기와 같다고 말한다. 필요한 정보를 찾고, 친구와 대화를 나누며, 쇼핑을 하고, 은행 업무를 보는 등 아침에 일어나서 잠이 들 때까지 인터넷이 없는 삶은 이제 상상하기가 힘들다.

인터넷 덕분에 우리의 삶은 편리해졌다. 직장에 다니면서 아이를 키우고 있는 김성은 씨는 컴퓨터로 다음날 먹을 음식을 주문한다. 아침에 문을 열면 주문한 음식이 집 앞에 도착해 있다. 성은 씨는 재료를 씻고 썰고 끓이는데 보냈던 시간을 이제는 아이와 함께 보낸다. 인터넷은 그가 더 가치 있다고 생각하는 것에 시간을 쓸 수 있도록 도와주었다. 회사원 최지은 씨는 이제 주말에 밀린 빨래와 청소를 할 필요가 없다. 인터넷과 집에 있는 기계를 연결해서 정해진 시간에 일을 하도록 맞춰 놓았기 때문이다. 매일 오후 3시가 되면 지은 씨가 출근한 빈집에서 청소기가 혼자 청소를 하고 세탁기는 빨래를 한다. 이제 지은 씨는 주말이 되면 편하게 누워서 지난주에 못 본 드라마를 본다. 인터넷이 주는 편리함은 그녀의 삶의 일부이다.

그런데 이런 인터넷의 편리함에서 멀어지려는 사람들이 있다. 강원도 깊은 산속에 '쉼'이라는 숙박 시설이 있다. 사람들은 이곳에 완전한 휴식을 위해서 찾아간다. 이곳에서는 휴대 전화, 인터넷이 되지 않고 다른 전자 제품도 사용할 수 없다. 사람들은 운동이나 산책을 하면서 시간을 보낸다. 침실 천장에 창문이 있어서 햇빛이 들어오면 일어나고 해가 지면 잠을 잔다. 자연의 시간에 맞춰서 생활하는 곳이다. 휴대 전화를 손에서 놓지 못하는 현대인들이 적지 않은 돈을 내고 인터넷의 편안함이 없는 이곳을 찾아가서 휴식을 취한다. 전북 무주군에는 인터넷을 사용할 수 없는 학교가 있다. 1~4주 정도의 시간 동안 청소년들이 이곳의 프로그램에 참가할 수 있는데 그동안은 휴대 전화와 컴퓨터를 사용할 수 없다. 아침 7시에 일어나서 밥을 먹고 산책을 한 후에 친구들과 운동을 하거나 어려운 사람들을 찾아가서 봉사를 한다. 이 학생들은 이곳에서 휴대 전화를 사용하지 않고도 즐거운 시간을 보낼 수 있다는 것을 배운다.

주중 편리하다 강원도 전북 무주군 완전

이들은 왜 인터넷이 없는 시간을 보내려고 했을까? 왜 편리함을 뒤로 하고 불편함을 찾아간 것일까? 그것은 아마 인터넷의 편리함이 현대인에게 행복까지 주는 것은 아니기 때문일 것이다. 우리나라의 청소년 중에는 인터넷 때문에 생활에 문제가 있는 학생들이 많다. 서울의 한 대학교에서 수도권의 중고생을 대상으로 한 조사에 따르면 설문에 참여한 청소년 중 41.3%가 인터넷 중독 증상을 보이는 것으로 나타났다. 이들은 한번 컴퓨터를 시작하면 끄기가 힘들다고 했고 인터넷을 하지 않으면 불안하고 짜증이 날 때가 많다고 했다. 이것은 청소년뿐만 아니라 성인도 마찬가지다. 미국에 있는 한 대학교의 연구팀은 인터넷을 사용한 적이 없는 몇몇 집에 컴퓨터를 주고 인터넷을 사용하도록 하였다. 1~2년 후에 이들의 변화를 조사하였는데 가족 간의 의사소통이 줄어들었으며 지역 사회 활동을 하는 횟수도 줄어든 것으로 나타났다. 반면에 이들의 우울감과 외로움은 증가했다.

인터넷의 편리함에 익숙해진 현대인들에게 지금 필요한 것은 불편함일지도 모른다. 인터넷은 이제 없어서는 안 될 존재이지만 우리에게는 그것을 적절히 사용하는 지혜가 필요하다. 휴대 전화가 보고 싶어질 때 공이나 책을 들고 밖으로 나가보는 것은 어떨까?

1. **인터넷이 현대인에게 주는 편리함으로 이 글에서 말한 것이 아닌 것은 무엇입니까? (　　)**

① 제시간에 보지 못한 드라마를 나중에 볼 수 있다.
② 사람이 집에 없어도 청소기와 세탁기가 일을 한다.
③ 먹을 것을 컴퓨터로 주문하면 집에서 받을 수 있다.
④ 기계가 알아서 재료를 씻고 썰고 끓여서 음식을 만든다.

몇몇　우울감　존재　적절하다　지혜

복습

2. 사람들이 인터넷이 없는 곳에 가서 시간을 보내는 이유는 무엇입니까? (   )

① 사람은 불편할 때 지혜가 생기기 때문에
② 현대인들은 인터넷이 없는 불편함에 더 익숙하기 때문에
③ 더 발달한 기술로 인터넷을 사용할 필요가 없어졌기 때문에
④ 인터넷이 편리함을 주지만 사람의 마음을 힘들게도 할 수 있기 때문에

3. '쉼' 숙박 시설에 대한 설명으로 이 글과 다른 것은 무엇입니까? (   )

① 모든 전자 제품의 사용이 금지되어 있다.
② 적은 돈으로 이곳의 시설을 이용할 수 있다.
③ 사람들은 이곳에 휴식을 취하기 위해서 찾아 간다.
④ 인터넷 대신 산책이나 운동을 하며 시간을 보낸다.

4. 이 글의 내용과 같은 것을 고르십시오. (   )

① 현대인들은 상상력이 부족하다.
② 인터넷 사용 이후에 가족 간의 의사소통이 늘어났다.
③ 인터넷 때문에 일상생활에 어려움이 있는 청소년들이 있다.
④ 휴대 전화를 이용하여 스트레스 푸는 법을 가르쳐 주는 학교가 있다.

한국 최초의 전화기

<고종>

<덕률풍>

<김구>

한국 최초의 전화기는 1896년 덕수궁 내부에 설치되었으며 '덕률풍'이라고 불렸습니다. '덕률풍'은 전화기의 영어 이름인 '텔레폰'과 비슷한 소리의 한자를 가지고 와서 붙인 이름이라고 합니다. 그 당시의 왕은 고종이었는데 고종은 궁에 생긴 전화로 신하들과 나라의 일을 의논하였습니다. 왕의 목소리가 들리는 전화기는 신하들에게 왕과 같은 의미였습니다. 따라서 왕이 전화를 하면 신하들은 큰 절을 네 번 올린 뒤 무릎을 꿇고 전화를 받았다고 합니다.

이 '덕률풍' 덕분에 목숨을 건진 사람도 있습니다. 바로 백범 김구 선생입니다. 김구는 정치가이며 독립운동가로 한국 사람들에게 존경을 받는 사람입니다. 당시 22살이었던 그는 정치적인 이유로 억울하게 사형 선고를 받고 집행을 기다리고 있었는데 전화가 개통된 지 3일 후 이 전화를 통하여 사형 집행을 중지하라는 왕의 명령이 전달되었습니다. 이것이 '덕률풍'의 첫 통화라고 합니다. 전화의 개통이 조금 늦었더라면 김구는 훗날 독립운동가가 되지 못했을 것입니다.

1. **한국 최초의 전화기는 무엇이라고 불렸습니까?**

2. **여러분 나라 최초의 전화기에 대해서 알고 있습니까?**

절을 올리다　목숨을 건지다　사형　집행　개통

부록

듣기 지문
모범 답안
색인

듣기 지문

1과 <1> 음식과 건강

II. 들어 봅시다

[1]

여: 요즘 회사에서 늦게까지 일을 하다가 보니까 밤늦게 야식을 먹게 돼요. 그래서 그런지 살도 많이 찌고 건강도 나빠진 것 같아요.
남: 야식으로 뭘 드세요?
여: 보통 밤늦게까지 배달해 주는 음식들 있잖아요. 치킨이나 떡볶이 같은 음식이요.
남: 밤에는 음식을 안 먹는 게 제일 좋아요. 밤늦게 음식을 먹고 자면 음식이 소화가 다 안 돼서 위에 부담을 줄 수 있어요.
여: 그래도 회사에서 야근하고 집에 들어가면 너무 배가 고파서 야식을 찾게 돼요.
남: 그럼 따뜻한 우유나 바나나를 드셔 보세요. 따뜻한 우유와 바나나는 위에 부담을 덜 주고 포만감도 많이 느끼게 해 주는 음식이에요.
여: 좋은 정보 감사해요. 앞으로 야근할 때 배가 너무 고프면 우유나 바나나를 먹어야겠어요.

[2~3]

여러분은 건강을 위해서 어떤 노력을 하고 있습니까? 건강이 중요하다는 것은 모두 알고 있지만 시간에 쫓기며 바쁘게 살고 있는 요즘 사람들이 시간을 내서 운동을 하고 음식을 잘 챙겨 먹는 것은 쉬운 일이 아닙니다.

하지만 외식을 줄이고 집에서 제철 음식을 먹는 것만으로도 건강을 유지할 수 있습니다. 제철 음식이란 특별히 정해져 있는 시기나 계절에만 얻을 수 있는 채소, 과일, 해산물 등으로 만든 음식입니다. 요즘은 비닐하우스에서 길러진 채소나 과일이 많아서 제철 음식이 따로 없다고 생각하시는 분들도 있지만 그렇지 않습니다. 만들어진 환경 대신에 자연적인 환경에서 자란 과일, 채소 등은 가격도 싸고 영양도 풍부합니다. 나물은 새순이 나오는 때가 제철이고 생선은 알을 낳을 때가 되어서 살이 통통할 때가 제철입니다. 과일은 열매가 열리는 때가 제철입니다.

[4~6]

어머니: 오늘 저녁 식사를 왜 빨리 하자고 한 거야? 아버지께서 퇴근 하신 후에 같이 먹으면 좋을 텐데...
딸: 저 다이어트 중이잖아요. 7시 전에 저녁을 먹는 것이 좋다고 들었어요. 그래서 저녁을 빨리 먹자고 말씀드린 거예요. 그런데 오늘 음식이 왜 이렇게 싱거워요?
어머니: 오늘 아침 신문에서 싱겁게 먹는 게 고혈압 환자에게 좋다는 기사를 읽었어. 아버지가 혈압이 높잖아. 아버지를 위해서 이제부터 요리할 때 소금을 덜 넣기로 했단다.
딸: 난 짜게 먹는 게 맛있는데…
어머니: 짜게 먹는 게 건강에 나쁘대. 신문 어디 있지? 아, 여기 있다. 우리나라 사람들이 식사할 때 국과 탕을 많이 먹다가 보니까 다른 나라 사람들보다 소금을 더 많이 먹게 된대. 세계보건기구(WHO)가 하루에 먹어도 된다고 한 소금의 양보다 약 두 배 정도 더 많이 먹는다고 하네. 소금은 특히 고혈압 환자에게 나쁘대.
딸: 하지만 어머니, 저는 고혈압 환자가 아니잖아요?
어머니: 소금을 많이 먹는 건 고혈압 환자뿐만 아니라 일반 사람들한테도 안 좋아. 소금을 많이 먹으면 몸이 잘 붓고, 살도 많이 찌고, 위암에 걸릴 가능성도 높아진다고 하는데 계속 짜게 먹을래? 너 다이어트 중이라면서?
딸: 소금이 다이어트에 나쁘다는 건 몰랐어요. 그래도 하루 세 끼 다 싱겁게 먹는 건 반대예요. 하루에 한 끼 정도만 그렇게 먹으면 안 될까요?
어머니: 음… 그럼 저녁만 싱겁게 먹을까?
딸: 네, 좋아요. 다이어트도 할 겸 앞으로 저녁은 싱겁게 먹어야겠어요.

1과 <2> 수면 습관

I. 준비해 봅시다

연세 기업은 20~30대 남성들이 하루에 몇 시간 잠을 자는지 설문 조사를 했습니다. 조사 결과에 따르면 질문에 대답한 사람들의 60%가 하루에 6시간보다 적게 잠을 잔다고 말했습니다. 잠들지 못하는 이유로는 '미래에 대한 걱정'이 27%로 가장 많았고 '늦은 시간까지 계속되는 모임'이 12%로 2위, '취업을 위한 스펙 쌓기'가 10%로 3위였습니다. 그 밖에 학교 공부, 아르바이트 등의 대답이 있었습니다.

2과 <1> 한국어 학습 동기와 목표

II. 들어 봅시다

[1]

주앙: 노라 씨, 대학원 입학 축하해요. 근데 또 한국어 능력 시험을 준비하시네요!
노라: 네, 이번에 시험을 보려고요. 한국어 능력 시험 4급을 준비하고 있어요.
주앙: 전 지금까지 한국어 공부하면서 한 번도 한국어 능력 시험을 본 적이 없는데 어렵지 않아요?
노라: 전 가능하면 학기마다 시험을 보려고 노력해요. 그래야 실력이 어느 정도인지 확인할 수 있고 공부하는 재미도 느낄 수 있거든요.
주앙: 저도 그렇게 해 볼까요? 단순히 한국어를 잘해야겠다고 생각하고 공부하니까 어찌나 힘든지 포기하고 싶더군요. 그런데 시험 공부하는 걸 싫어해서 잘 될지 모르겠어요.
노라: 그럼 주앙 씨는 드라마를 좋아하니까 한국 드라마로 한국어를 공부하는 건 어때요?
주앙: 드라마를 보는 게 한국어 공부에 도움이 된다는 이야기를 많이 들었는데 내용을 다 이해하지 못해서 스트레스만 받을까 봐 걱정이 돼요.
노라: 그럼 이번 학기에는 드라마를 볼 때 대사를 다 알아들으려고 할 게 아니라 자막 없이 한국 드라마 60% 이해하기! 이렇게 목표를 세우고 공부해 보세요.
주앙: 그거 좋은 방법이네요. 오늘부터 시작해 볼게요.

[2~3]

대부분의 사람들은 돈을 벌거나 취업을 위한 실용적인 목적으로 영어나 중국어, 스페인어 같은 세계적으로 인기 있는 언어를 배웁니다. 그런데 요즘 별로 쓸 기회가 많지 않은 외국어를 배우는 사람들이 늘고 있습니다. 이 사람들은 그리스에 가본 적도 없지만 그리스 여러 신들의 이야기에 흥미를 느껴서 그리스어를 배우고 소리가 아름다워서 이탈리아어를 배웁니다. 글자가 예뻐서 태국어를 배우고 부처님의 말씀을 더 잘 이해하고 싶어서 산스크리트어를 배웁니다. 지금은 사용되지도 않는 라틴어를 배우거나 세계 사람들이 함께 사용하기 위해서 만든 언어인 에스페란토어를 배우기도 합니다.

이 사람들에게 외국어는 시험이나 취직을 위한 수단이 아닙니다. 외국어를 잘해서 남들에게 인정을 받으려고 배우는 것도 아닙니다. 회사 일과도 아무 관계가 없습니다. 일 때문에 외국어를 배웠다면 다른 사람들처럼 스트레스를 많이 받으면서 공부했을 겁니다. 하지만 이 사람들은 오히려 외국어를 배우는 동안 스트레스가 풀리고 즐거움을 느낀다고 합니다. 이 사람들에게 가벼운 마음으로 즐기면서 배우는 외국어는 작지만 소중한 행복이라고 할 수 있습니다.

[4~6]

흐엉: 선생님, 저는 한국 회사에 취업하려고 한국말을 배우는데요. 한국말을 잘 하고 싶어서 이것저것 계획을 세우는데 제대로 지킨 적이 없어요.

선생님: 보통 사람들이 처음에는 계획을 잘 세우지만 끝까지 지키지 못하지요. 결국 목표도 이루지 못하고요. 흐엉 씨, 목표를 이루고 싶으면 이렇게 한번 해 보세요.
먼저 쉽게 이룰 수 있는 목표를 세우세요. 대부분의 사람들이 목표를 세울 때 불가능한 목표를 세운다고 해요. 예를 들면 3년 후에 한국 회사에 취직하기 같은 너무 어려운 목표를 세우지 말고 일주일에 한국어로 두 번씩 일기 쓰기, 하루에 단어 다섯 개씩 외우기 같이 지금부터 할 수 있는 목표를 세워 보세요. 두 번째는 중요한 일부터 하세요. 말하기, 듣기, 쓰기, 읽기가 모두 중요하지만 한국 회사에 취직하려면 동료들과의 의사소통이 중요하니까 먼저 말하기와 듣기를 잘 해야겠지요? 그리고 세 번째는 한국어 공부를 즐겁게 할 수 있는 방법을 찾아야 돼요. 목표를 이루려면 당연히 고생을 해야 하잖아요? 피, 땀, 눈물이 필요한 일이니까 끝까지 하려면 재미가 있어야 돼요. 예를 들면 흐엉 씨가 목표를 이뤄서 회사에서 한국말로 멋있게 발표하는 모습을 상상해 보면 공부가 힘들어도 다시 힘을 얻을 수 있을 거예요.

흐엉: 제가 생각했던 것과는 많이 다르네요. 그렇게 한번 해 봐야겠어요. 고민이 많았는데 상담하니까 마음이 좀 가벼워졌어요.

2과 <2> 자신에게 맞는 학습 방법

Ⅰ. 준비해 봅시다

기자: 오늘은 '한국어 박사' 제임스 씨를 모시고 이야기를 나눠 보겠습니다. 한국어를 잘 하시는데 얼마나 배우셨고 어떻게 공부하셨습니까?

제임스: 한국어를 8년 배웠습니다. 처음에는 집에서 혼자 공부했는데 점차 흥미를 느껴서 대학교에 가서 한국어를 전공했습니다. 그때 저는 수업 시간에 틀릴 것을 걱정하지 않고 생각나는 대로 이야기했습니다. 그럼 상대방이 제 말을 듣고 다시 제대로 가르쳐 줬습니다. 대학을 졸업한 후에는 미국에 있는 한국 회사에 취직해서 사람들과 일하면서 배웠습니다. 외국어를 배울 때 실수를 겁 내지 말고 자신 있게 말하는 것이 무엇보다 중요합니다.

3과 <1> 나의 성격

Ⅱ. 들어 봅시다

[1]

여: 민수야, 오늘 왜 또 학교에 늦었어? 늦잠을 잤어?

남: 응, 어제 알람을 맞춰 놓았다고 생각했는데 아니었나 봐. 아침에 눈을 뜨니까 9시 반이었어. 빨리 옷을 입고 버스정류장까지 뛰어 갔는데 버스정류장에 도착해서 보니까 지갑이 없었어.

여: 지갑을 집에 놓고 온 거야? 밖에 나가기 전에는 잊은 물건은 없는지 한번 확인을 해야지. 그래서 집으로 다시 돌아갔어?

남: 응. 그런데 지갑을 찾아 가지고 다시 버스 정류장으로 걸어가고 있는데 뒤에서 아주머니가 나를 불러서 책이 바닥에 떨어졌다고 알려주셨어. 아주머니 이야기를 듣고 뒤를 보니까 가방에 있던 책들이 바닥에 떨어져 있었어. 급하게 지갑을 넣은 후에 가방을 잘 닫지 않았던 것 같아.

[2~3]

남: 윤아야, 나 어제 '트윈스터즈'라는 영화를 봤는데 너 그 영화 알아?

윤아: 제목은 들어본 것 같아. 무슨 내용인데?

남: 응, 한국에서 태어난 쌍둥이 자매 이야기야. 태어나자마자 한 명은 미국으로 또 한 명은 프랑스로 입양이 돼. 그리고는 쌍둥이라는 사실도 모르고 자라다가 25살이 됐을 때 에스엔에스(SNS)를 통해서 우연히 만나게 돼.

윤아: 25년 만에 쌍둥이 형제를 만나게 되면 기분이 어떨지 상상이 안 된다.

남: 그렇지? 그런데 정말 신기하게도 25년 만에 만난 두 사람은 얼굴과 키까지 너무 비슷했어. 그리고 좋아하는 옷 스타일, 색깔, 음식도 모두 비슷했어.

윤아: 떨어져 있었지만 같은 모습이었구나.

남: 응. 그런데 더 신기한 건 두 사람의 성격은 달랐어. 한 명은 내성적이고 조용했는데 다른 한 명은 적극적이고 활발했거든. 서로 다른 경험들은 다른 성격을 만드나 봐.

윤아: 응 맞아. 나도 어렸을 때는 소극적인 아이였어. 내 생각을 잘 말하지 못하고 울먹거리는 일도 자주 있었어. 그런데 중학교 때 축구 동아리에서 활동하면서 성격이 좀 바뀐 것 같아. 그때부터 목소리도 커지고 활발하다는 소리도 자주 들어.

남: 그렇구나. 너도 시간이 있을 때 이 영화를 한번 봐 봐. 정말 재미있는 영화였어.

[4~6]

학생: 안녕하세요, 교수님. 작년에 이어서 올해도 학생들이 뽑은 최고의 인기 교수님이 되셨는데 그 이유가 뭐라고 생각하세요?

교수님: 하하하 글쎄요. 제가 친구 같은 교수이기 때문이 아닐까요? 저는 제 수업을 듣는 학생들의 이름을 외우려고 노력해요. 그리고 어디에서든지 학생들을 만나면 이름을 부르면서 제가 먼저 인사하지요. 그랬더니 어느 날부터 학생들이 자신의 고민이나 요즘 학생들 사이에서 인기 있는 뉴스 등을 저에게 이야기해 주기 시작했어요. 요즘은 학생들과 같이 농구도 하고 주말에는 등산도 가요.

학생: 아, 그렇군요. 지난달부터는 고민이 있는 학생들을 위해서 상담도 하기 시작하셨지요?

교수님: 네, 매달 첫째 주, 셋째 주 수요일, 오후 3시부터 5시까지 상담 시간을 갖고 있어요. 330호에서요. 고민이 있는 학생이라면 누구든지 환영입니다.

학생: 요즘 학교생활을 힘들어하는 신입생들이 많다고 합니다. 힘들어하는 신입생들에게 해 주실 좋은 말씀이 있으신가요?

교수님: 사실 한국의 중고등학생들은 수동적인 생활을 하는 편이에요. 부모님과 선생님이 만들어 놓은 시간표 안에서 생활을 하니까요. 그런데 대학생이 되어 갑자기 시간이 많아지고 혼자 결정할 것이 많아지면서 학교 생활에 어려움이 생기게 돼요. 생각해 보면 저도 대학교 1학년 때 그랬던 것 같아요. 즐거운 대학 생활을 하려면 적극적인 자세를 가져야 해요. 동아리에 가입해서 많은 선후배와 친구를 사귀는 것이 좋은 방법이에요. 또 학과 사무실도 자주 방문하면 좋아요. 학교 행사와 취업 등에 관한 여러 가지 정보를 얻을 수 있으니까요. 즐거운 대학 생활은 저절로 오는 것이 아닙니다. 내가 적극적으로 찾는 것이지요.

학생: 네, 교수님. 학생들을 사랑하는 교수님의 마음을 느낄 수 있는 좋은 시간이었습니다. 좋은 말씀 정말 감사합니다.

3과 <2> 성격에 대한 고민

Ⅰ. 준비해 봅시다

박사: 안녕하세요! 해피마인드 센터의 김 박사입니다.
여러분, 요즘 행복하지 않으신가요? 혼자서는 해결하기 어려운 문제가 있어서 힘들어하고 계신가요? 그렇다면 언제든지 해피마인드 센터로 오세요. 따뜻한 마음으로 여러분을 기다리고 있겠습니다. 직접 방문이 어려우시다면 인터넷 게시판에 상담글을 올려 주세요. 행복을 찾아 드리기 위해서 노력하겠습니다. 이상 김 박사였습니다.

여: 신촌역 3번 출구 앞 연세빌딩 3층! 해피마인드 센터!
인터넷에서 해피마인드 센터를 검색해 주세요.

4과 <1> 진로 고민

[1]

Ⅱ. 들어 봅시다

남: 나 다음 학기는 휴학하고 미국에 영어 공부를 하러 가려고 해.

여: 미국이라니? 다음 학기부터 취업 준비를 한다고 하지 않았어?

남: 그러려고 했는데 사실 내가 어떤 일을 하고 싶은지 아직 모르겠어. 그래서 이런 마음으로 취업 준비를 하는 게 맞는 건지 고민이 되더라. 다른 나라에 가서 좀 더 다양한 경험을 해 보면 내가 정말 하고 싶은 일이 무엇인지 찾을 수 있지 않을까? 영어 공부도 하고, 사실 조금 쉬고 싶은 마음도 있어. 그동안 학교 공부에다가 자격증 준비를 하느라고 여러 가지로 힘들었거든.

여: 그래. 네가 원하는 일이 무엇인지도 생각해 보고 영어 실력도 늘릴 수 있고 일거양득이겠네. 내 생각에도 좋은 시간이 될 것 같아.

[2~3]

남: 선배님, 요즘 무슨 고민 있으세요? 안색이 너무 안 좋아요.

여: 응. 요즘 취업 준비 중인데 할 일이 너무 많아서 정신이 하나도 없어.

남: 아, 그래서 요즘 모임에 잘 안 나오셨구나. 다른 선배님들도 많이 힘들어하시던데요.

여: 응. 정말 해야 할 일이 많아. 너도 곧 해야 할 텐데 미리 알아 둬. 이력서, 자기 소개서, 여러 증명서 같은 서류 준비뿐만 아니라 면접 준비도 해야 해. 외국어 공부도 해야 하고, 사실 가고 싶은 회사에 대해 조사하는 것도 필요해. 회사 분위기 같은 것 말이야. 아무데나 지원할 수는 없잖아. 이런 정보는 인터넷 취업 사이트에 가입하면 알 수 있어. 취업 박람회가 열리면 꼭 가 보고. 미리 준비를 안 해 놓고 급하게 하려니까 많이 힘드네.

남: 아 네, 저도 내년부터 취업 준비를 시작하려고 하는데 잘 알아 둬야겠어요. 선배님, 다 잘 될 거예요. 힘내세요.

[4~6]

선생님: 오늘은 자신의 진로를 정하지 못한 학생들이 흔히 고민하게 되는 문제, 좋아하는 일과 잘 하는 일, 어떤 것을 선택해야 될까라는 주제에 대해서 이야기를 해 보겠습니다. 우선 이 문제에 대해서 미리 생각을 해 온 정하늘 학생과 이윤아 학생이 발표를 하겠습니다. 먼저 정하늘 학생부터 이야기해 보세요.

남: 저는 좋아하는 일을 선택해야 한다고 생각해요. 하기 싫은 일을 하면서 사는 것만큼 힘든 일은 없어요.

여: 제 생각은 반대예요. 저는 잘하는 일을 직업으로 선택해야 행복하게 살 수 있다고 생각해요. 자신이 잘 하는 일을 해서 사람들에게 인정받고 칭찬을 들으면 행복해지는 거죠.

남: 그것보다는 좋아하는 일을 선택해서 행복을 느끼는 경우가 더 많지 않을까요?

여: 아니죠. 좋아하는 일을 선택했는데 그 일 때문에 여러 어려움이 생긴다면 그 사람이 행복할 수 있을까요? 예를 들어 만화 그리기를 좋아하는 사람이 취미로 시간

날 때 만화를 그리는 것과 만화가가 되어서 그리는 것은 분명 다른 문제거든요. 재능이 없는데 그 일이 직업이 된다면 얼마나 스트레스를 받겠어요? 직업하고 취미는 다른 문제예요.

남: 네, 그렇기는 해요. 그래서 자신이 좋아하는 그 일이 직업이 되었을 때도 좋아할 수 있을지 충분히 생각해 봐야 해요. 하지만 잘하는 일을 선택하려고 할 때도 그런 문제가 있을 것 같은데요.

여: 네. 그래서 잘하는 일을 선택할 때는 실패했을 경우에 대한 충분한 마음의 준비가 필요할 것 같아요. 예를 들어 그 일을 나보다 잘 하는 사람을 만났을 때도 실망하지 않고 계속 그 일을 열심히 할 수 있을지 생각해 봐야 하지요.

선생님: 그럼 결국 두 가지 모두 그 일을 선택한 후에 부딪칠 수 있는 어려움에 대해서 충분한 생각을 해 봐야 하겠네요.

남: 네 맞아요. 이야기를 하다가 보니 결국 좋아하는 일과 잘 하는 일이 서로 멀리 있지 않겠다는 생각도 들어요.

여: 저도 같은 생각이에요. 세상에 직업은 많아요. 충분히 생각하면서 많은 경험을 해 보는 것이 중요한 것 같아요.

선생님: 네, 그럼 이제 다른 학생들은 어떻게 생각하는지 이야기를 들어볼까요?

4과 <2> 취업 박람회

Ⅰ. 준비해 봅시다

요즘 곳곳에서 취업 박람회가 열리고 있습니다. 성공적인 취업을 위해 취업박람회에 가서 정보를 얻는 것은 필수라고 할 수 있는데요. 가시기 전에 준비해야 할 것을 알려 드리겠습니다.

첫 번째, 박람회 홈페이지를 통해서 미리 지원하시고 면접 약속을 꼭 잡으세요. 면접 약속을 잡으시면 현장에서 기다리는 시간도 아낄 수 있고 사전에 담당자에게 자신의 정보를 알려주어 더 쉽게 면접이 진행될 수 있습니다.

두 번째, 참가 기업에 대한 조사를 충분히 해서 좋은 인상을 남기는 것이 중요합니다. 어떤 제품을 파는 회사인지, 입사 후 어떤 업무를 하게 되는지도 모르는 지원자는 아무리 능력이 뛰어나도 담당자가 좋게 생각하기가 힘들겠지요?

세 번째, 이력서를 꼭 가지고 가세요. 이력서를 최소 10장 이상 준비해 가는 것이 좋습니다! 가지고 간 이력서는 모두 내고 오겠다는 마음으로 박람회에 참가하세요.

5과 <1> 다양한 소비 형태

Ⅱ. 들어 봅시다

[1]

점원: 어서 오세요. 휴대 전화를 사시게요?
손님: 네. 최신 휴대 전화를 좀 볼 수 있을까요?
점원: 물론이죠. 여기 최신 제품들이 있습니다.

손님: 좋긴 한데 너무 비싸네요. 지금 쓰고 있는 휴대 전화를 좀 더 쓰다가 나중에 사야겠어요.
점원: 가격 때문에 고민이시면 최신 휴대 전화를 빌려 드리는 서비스가 있는데 이 서비스를 이용해 보시는 건 어떠세요? 24개월 동안 매달 이용료를 내시고 최신 기기를 빌려서 쓰시는 거예요. 2년 뒤에는 쓰시던 기기를 반납하고 다른 최신 휴대 전화를 또 빌리실 수 있어요.
손님: 최신 휴대 전화를 2년 동안 빌려 준다는 말이에요?
점원: 네, 휴대 전화를 구매하고 2년 약정 기간 동안 기기 값을 나눠서 내는 것보다 휴대 전화를 2년 동안 빌려 드리는 이 서비스를 이용하시는 게 더 싸요. 비싼 가격 때문에 부담을 느껴서 최신 휴대 전화 구매를 망설이는 분이나 휴대 전화를 자주 바꾸시는 분께 이 서비스를 추천하고 있어요.

[2~3]

요즘 해외 인터넷 쇼핑몰에 들어가서 직접 제품을 구매하는 사람들이 많아지면서 해외 직접 구매를 의미하는 '해외 직구'라는 말이 낯설지 않게 되었습니다.

해외 직구의 가장 큰 장점은 제품을 국내 가격보다 싸게 살 수 있다는 것입니다. 한국 전자의 텔레비전의 경우 비슷한 모델을 해외 인터넷 쇼핑몰에서 직접 구매하면 국내 가격보다 100만원 정도 싸게 살 수 있습니다. 해외 인터넷 쇼핑몰에서 물건을 직접 구매할 때 내야 하는 세금과 국제 배송비 등 모든 비용을 다 포함해도 약 70만 원이나 싸게 살 수 있습니다. 또한 해외 직구로 국내에서 팔지 않는 제품을 살 수도 있습니다. 미국에서만 판매되고 있는 옷들을 미국에 가지 않아도 국내에서 해외 직구로 받아 볼 수 있습니다.

올해 해외 직구 규모는 작년보다 35%나 커졌습니다. 올해 우리나라 사람들이 해외 직접 구매로 가장 많이 산 제품은 건강식품이었습니다. 2위는 의류 3위는 전자 제품 그리고 화장품이 4위였습니다.

하지만 장점만 있는 것은 아닙니다. 해외 인터넷 쇼핑몰에서 직접 구매한 제품은 고장이 났을 때 국내 수리 센터에서 수리를 받기가 어렵다는 단점이 있습니다. 그리고 배송 기간이 길고 반품이나 환불 과정도 매우 복잡합니다.

따라서 국내와 해외의 가격 차이가 큰 제품을 구매할 때 해외 직구에 한번 도전해 볼 만하지만 문제가 생겼을 때 해결 받기가 힘들기 때문에 제품의 가격, 교환과 환불 규정 등 여러 가지를 잘 살펴보고 구매를 결정해야 합니다.

[4~6]

요즘 날씨에 상관없이 쇼핑과 다양한 여가 활동을 동시에 할 수 있는 몰링(Malling)의 인기가 높아지고 있습니다. 몰링은 복합 쇼핑몰에서 쇼핑과 여가 활동을 함께 즐기는 소비 형태를 말합니다. 예전에 백화점과 같은 쇼핑 공간에서는 쇼핑과 식사 정도만 가능했습니다. 하지만 요즘은 쇼핑과 식사뿐만 아니라 영화, 문화 공연, 게임, 스포츠 등 다양한 여가 활동도 즐길 수 있는 복합 쇼핑몰들이 만들어지면서 몰링이라는 말이 생겼습니다.

국내의 대표적인 복합 쇼핑몰 대한 필드는 쇼핑 매장뿐만 아니라 유명한 맛집, 서점, 영화관, 수영장, 볼링장 등 다양한 시설을 갖추어 놓았습니다. 그리고 특별히 아이들을 위해서 수많은 장난감을 구경하고 체험할 수 있는 공간을 만들어 놓았고, 남성들을 위해서는 다양한 전자 제품들을 구경하고 직접 체험할 수 있는 공간도 준비해 놓았습니다. 또한, 백화점은 사람들이 시간을 잊어버리고 쇼핑만 생각할 수 있도록 창문을 만들어 놓지 않았는데 대한 필드는 햇빛이 들어오도록 만들어 놓아서 야외에서 노는 것 같은 기분이 듭니다. 이 때문에 쇼핑을 답답해하고 힘들어하던 사람들도 대한 필드를 좋아하게 되면서 이곳은 온 가족이 함께 즐길 수 있는 공간이 되고 있습니다.

20~30대부터 최근에는 50대 이상까지 몰링을 즐기는 사람들이 늘면서 이런 사람들을 의미하는 몰링족(Malling族)이라는 말도 생겼습니다. 그럼 몰링족들의 생각을 한번 들어보시겠습니다.

"몰링은 대부분의 활동을 실내에서 하기 때문에 날씨와 상관없이 안전하게 여가 활동을 할 수 있어서 좋아요. 그리고 복합 쇼핑몰 안에서 다양한 체험을 하면서 스트레스도 풀 수 있어요."

"여러 가지 활동을 한곳에서 해결할 수 있는 몰링은 시간을 잘 절약할 수 있도록 해 준다고 생각해요."

앞으로 몰링의 인기가 더 높아질 것으로 보입니다.

YBS뉴스 김규민입니다.

5과 <2> 간편 결제

I. 준비해 봅시다

부장: 사장님, 우리 회사의 편의점들도 새로운 결제 시스템을 추가해야 할 것 같습니다.

사장: 김 부장님은 왜 그렇게 생각하지요? 우리 회사의 편의점들이 국내에서 계속 1위를 하고 있지 않습니까?

부장: 네 맞습니다. 하지만 국내에서 2위를 하고 있는 대한 편의점이 새로운 결제 서비스를 추가했다고 합니다. 그것 때문에 점점 더 많은 고객들이 대한 편의점을 이용하고 있다고 합니다. .

사장: 어떤 결제 서비스인데요?

부장: 편의점에 있는 기계로 얼굴 사진을 찍고 얼굴과 신용 카드 정보를 등록해 놓으면 그 다음부터는 현금이나 신용 카드 그리고 휴대 전화가 없어도 얼굴만으로 결제를 할 수 있다고 합니다.

사장: 그래요? 그 결제 서비스에 대해서 자세히 알아봐야겠군요.

6과 <1> 일상생활 속의 불만

II. 들어 봅시다

[1]

윤아: 휴... 힘들다...

남자: 윤아 씨, 왜 그래요? 무슨 일 있었어요?

윤아: 오늘 팀 과제 발표가 있어서 준비하느라고 어제 밤을 새웠거든요. 원래 저는 자료 조사를 맡았고 다른 사람이 발표하기로 했었는데 그 친구가 어젯밤에 갑자기 저한테 전화해서 급한 일이 생겨서 못하겠다고 하는 거예요.

남자: 두 가지 일을 하느라고 윤아 씨가 정말 힘들었겠네요.

윤아: 그런데 그 친구는 미안하다는 말도 없고 점수는 똑같이 받으니까 화가 나네요.

남자: 다른 사람들하고 같이 과제할 때 힘든 일이 많더라고요. 그 친구도 참 매너 없네요. 윤아 씨 덕분에 발표를 하지 않고도 점수를 받았는데 사과도 안 하고요.

[2~3]

진행자: 오늘의 고민 주제는 '직장 상사와의 갈등'입니다. 어떤 내용인지 들어 볼까요?
(진행자가 사연 읽는 목소리)
'안녕하세요? 저는 입사한 지 6개월 된 신입 사원인데 같이 일하는 상사 때문에 힘이 듭니다. 부장님은 저와 성격이 너무 다르고 술을 좋아해서 회식도 자주 하자고 하십니다. 그리고 휴일에도 업무 문제로 연락을 해서 정말 스트레스를 받습니다. 월급도 만족스럽고 어렵게 들어간 직장인데 그만둘 생각까지 했습니다. 어떻게 하면 좋을까요?'
자, 이런 문제는 많은 직장인들이 하는 고민일 것 같은데 우선 회식은 1차만 참석하거나 그것도 어려울 때는 이유를 확실하게 이야기하고 예의 있게 거절하면 될 것 같습니다. 휴일에 연락하는 문제는 요즘 사회적인 분위기가 많이 바뀌고 있으니까 주말에는 통화가 힘들다고 부장님께 부드럽게 이야기하는 것이 어떨까요? 마지막으로 성격이 안 맞아서 힘든 것은 자신의 마음을 바꿔야 할 것 같습니다. 우리는 갈등이 없어야 직장 생활을 잘 할 거라고 생각하는데 이런 생각은 오히려 직장 생활을 더 힘들게 만듭니다. 현실에서 불가능한 일이니까요. 직장을 옮겨도 달라지지 않습니다. 갈등을 다 풀고 모든 사람과 잘 지내야 한다고 생각하면 인간관계에 힘을 쓰기 때문에 자기 일을 제대로 못하게 됩니다. 상사와의 관계가 아니라 맡은 일에 최선을 다하세요. 스트레스가 쌓이면 회사 동료보다 가족이나 친구들에게 이야기해서 스트레스를 푸는 것도 좋은 방법입니다.

[4~6]

사회자: 가끔 커피숍이나 식당에 노키즈존(No Kids Zone)이라고 써 붙인 것을 볼 수 있습니다. 노키즈존이란 성인 손님들을 배려하기 위해서 어린이가 들어오지 못하게 하는 곳을 말합니다. 오늘은 이에 대한 토론을 해 보도록 하겠습니다.

남자: 저는 노키즈존이 있어야 한다고 생각합니다. 영국이나 미국 같은 나라에는 노키즈존이 이미 많이 있습니다. 커피숍에 갔는데 아이들이 시끄럽게 울거나 소리를 지르면서 뛰어다녀도 상관하지 않는 부모들 때문에 불쾌한 적이 많았습니다.

여자: 물론 예절을 가르치지 않는 어른들이 문제라는 것은 맞습니다. 하지만 그런 일은 소수의 문제일 뿐입니다. 대부분의 부모들은 공공장소에서 자신의 아이가 다른 사람들을 불편하게 할까 봐 더 많이 긴장하고 조심합니다.

남자: 다른 문제도 있습니다. 아이가 식당에서 다치는 경우 주인은 책임 문제로 괴롭습니다. 실제로 한 식당에서 아이가 뛰어다니다가 넘어졌는데 그 부모가 식당 주인에게 아이의 치료비를 달라고 해서 주인이 억울해한 일이 있었습니다. 안전을 위해서 아이들의 출입을 막는 것이 좋습니다.

여자: 담배의 예를 들면 담배를 피우는 사람을 식당에 못 들어오게 하는 것이 아니라 담배를 피우는 행동을 못 하게 하지요. 같은 방법으로 먼저 식당 안에서 지켜야 할 약속을 알리고 약속을 지키지 않았을 때 모든 아이가 아니라 문제 행동을 하는 아이를 내보내는 방법도 있을

겁니다. 무조건 아이는 안 된다고 하는 것은 아이를 무시하는 겁니다. 특히 요즘 같이 인구가 줄고 있는 시대에는 아이들에 대한 배려가 필요합니다. 힘들어도 함께 살아갈 방법을 찾아야 합니다.

남자: 매너를 잘 지키는 아이와 부모님은 노키즈존이 불쾌할 수 있습니다. 하지만 다른 사람들을 위해서 행동을 조심하고 사회를 좋은 방향으로 변화시키기 위해서 노키즈존은 필요하다고 생각합니다.

사회자: 네, 두 분 말씀 잘 들었습니다. 사람들을 불편하게 하니까 노키즈존이 있어야 한다는 말씀과 소수의 문제일 뿐이니까 필요 없다는 말씀이었습니다. 오늘 토론해 주신 두 분 감사합니다.

6과 <2> 힘이 되는 말

I. 준비해 봅시다

넓은 세상으로 떠나는 여러분!

이제부터 여러분은 더 이상 학생이 아닙니다. 사회에 나가는 것입니다. 여러분의 인생을 새로 시작해야 합니다. 앞으로 여러분이 꼭 이루고 싶은 꿈은 무엇입니까? 여러분은 어떻게 그 꿈을 이루려고 합니까?

우리 학교에서 배운 것을 잊지 마십시오. 큰 꿈과 목표를 가지고 새로운 세계로 출발하시기 바랍니다. 좋아하는 일을 찾아서 포기하지 말고 꿈을 이루시기 바랍니다.

7과 <1> 공공질서 지키기

II. 들어 봅시다

[1]

손님 여러분, 안녕하십니까? 오늘도 저희 연세 콘도를 찾아주셔서 감사드리며 몇 가지 안내 말씀드리겠습니다.

객실 안에서는 담배를 피울 수 없습니다. 흡연 시에는 콘도 1층에 있는 흡연실을 이용해 주시기 바랍니다. 반려동물과 함께 객실에 들어가기를 원하시는 분들은 미리 직원에게 이야기해 주시기 바라며 객실 밖에서는 목줄을 사용하여 주십시오. 심한 음주와 고성방가 등은 다른 손님들을 불편하게 할 수 있으니 주의하시기 바랍니다. 저희 콘도의 퇴실 시간은 11시입니다. 방에서 나가실 때는 객실 정리를 마치신 후 11시 이전에 직원에게 연락해 주십시오.

즐겁고 편안한 시간이 되시길 바라며 다른 궁금한 것이 있으시면 언제든지 문의해 주시기 바랍니다. 감사합니다.

[2~3]

남: 윤아야, 어제도 도서관에 다녀왔어?

윤아: 응, 시험이 얼마 안 남아서 요즘은 매일 도서관에 가.

남: 열심히 하는구나. 주말만이라도 좀 쉬지 그래? 매일 공부만 하면 너무 힘들지 않아?

윤아: 괜찮아. 공부는 잘돼. 그런데 도서관에서 기본 질서를 잘 지키지 않는 사람들 때문에 화가 날 때가 있어.

남: 왜? 도서관에서 시끄럽게 떠드는 사람들이 있어?

윤아: 응, 옆 사람하고 이야기하는 사람들이 있어. 그리고 휴대 전화 진동 소리가 계속 나는 것도 신경이 쓰여. 도서관에서는 휴대 전화를 무음으로 해 놓는 게 좋다고 생각해.

남: 맞아. 난 도서관 안에서 작은 소리로 통화를 하는 사람도 봤어.

윤아: 또 책이 찢어져서 내용을 알 수 없었던 적도 있었고 전화번호 같은 것이 메모가 되어 있거나 그림이 그려져 있는 책도 있었어. 책을 대출하려고 줄을 서서 기다리고 있는데 새치기를 하는 사람도 있었어.

남: 새치기를 하는 사람도 있었단 말이야?

윤아: 응. 오랜 시간 동안 도서관에 있다가 보니까 이런 사람들을 보게 되더라고.

남: 네 말을 듣고 보니까 나도 전에 도서관 책에 밑줄을 그으면서 공부했던 게 생각이 나네. 특별한 생각 없이 그랬는데 나도 앞으로 조금 더 신경을 써서 행동해야겠다.

[4~6]

앵커: 최근 서울시에서는 금연구역을 더 늘리기로 했다고 합니다. 김경수 기자가 전합니다.

기자: 네, 서울시에 따르면 서울 시내 금연구역이 6년 만에 3배나 늘어났다고 합니다. 현재 학교와 병원, 음식점 그리고 PC방 등 여러 사람이 함께 사용하는 실내의 장소는 대부분 금연구역입니다. 이와 함께 실외 금연구역도 점점 늘어나고 있습니다. 버스 정류장이나 공원, 지하철역 주변, 그리고 유치원 주변 10m 안에서는 담배를 피울 수 없습니다.

앵커: 담배를 피우지 않는 저에게는 정말 반가운 소식입니다. 그런데 이렇게 금연구역이 늘어나고 있는데도 여전히 길이나 건물 밖에서 담배를 피우는 사람들을 자주 볼 수 있습니다. 이것은 금연 정책이 잘 운영되지 못하고 있다는 의미로도 볼 수 있는데요. 그 이유가 무엇입니까?

기자: 네, 여기에는 두 가지 이유가 있습니다. 먼저 첫 번째 이유는 흡연자들이 담배를 피울 수 있는 공간이 부족하기 때문입니다. 여의도나 명동, 시청 같은 도시 중심에 있는 고층 건물들은 대부분 금연구역입니다. 그렇지만 흡연실이 있는 건물은 거의 없습니다. 이 때문에 흡연자들이 건물 밖으로 나와서 길거리와 건물 사이에서 담배를 피우는 일이 생겼습니다. 금연구역은 7만 9300개인데 흡연실은 63개뿐입니다.

또 다른 이유는 흡연실이 있어도 관리가 잘 되고 있지 않기 때문입니다. 서울역에는 동쪽과 서쪽에 흡연실이 있습니다. 그렇지만 많은 사람이 이용하기에는 너무 작고 담배 연기도 잘 빠지지 않아서 흡연실 안에 들어가지 못하고 밖에서 담배를 피우는 사람들이 많습니다. 이 때문에 지나가던 시민들이 담배 연기를 다 마시게 됩니다.

앵커: 금연구역을 늘리는 것도 중요하지만 흡연자들이 담배를 피울 수 있는 환경을 만들어 주는 것도 중요한 일이겠군요.

기자: 네, 그렇습니다. 이를 위해서 이 두 가지를 모두 잘 운영하고 있는 다른 나라의 경우를 살펴보는 것이 필요하다고 생각됩니다.

7과 <2> 제주의 맛집

I. 준비해 봅시다

남: 윤아야, 어제 하늘이하고 떡볶이집에 잘 다녀왔어?

윤아: 응. 잘 다녀왔어. 그런데 하늘이가 갑자기 급한 일이 생겨서 나 혼자 다녀왔어. 하늘이가 식당을 찾기가 어려울 거라고 하길래 걱정했는데 금방 찾았어. 사람들이 길게 줄을 서서 기다리고 있는 식당이 하나 있었는데 바로 거기더라고. 나도 40분쯤 기다려서 들어갔어.

남: 맛집이니까 기다리는 사람들이 많구나. 맛은 어땠어?

윤아: 나는 사실 매운 음식을 잘 먹지 못하는데 이 식당의 떡볶이는 많이 맵지 않고 맛있었어. 그래서 외국인들한테도 인기가 많은가 봐. 식당 한쪽 벽에는 유명한 사람들의 사인이 많이 붙어 있었어. 내가 좋아하는 가수의 사인도 있어서 그 앞에서 사진도 찍었어. 식당에서 찍은 사진들을 어제 밤에 에스엔에스(SNS)에 올렸어. 반 친구들이 사진을 보고 같이 가고 싶다고 해서 주말에 갈까 해. 너도 같이 가자.

8과 <1> 수리 요청

II. 들어 봅시다

[1]

아주머니: 네, 여보세요?

학생: 아주머니, 안녕하세요? 101호 학생인데요. 에어컨이 고장 난 것 같아서요.

아주머니: 새로 설치한 지 얼마 안 됐는데 또 이상이 있어요?

학생: 네, 지난번에도 켜면 바로 꺼져서 수리를 받았는데 이제는 켜지기는 하는데 바람이 약해요.

아주머니: 차가운 바람은 나오고요?

학생: 아니요. 별로 차갑지 않은 것 같아요. 아, 그리고 얼마 전부터는 이상한 냄새도 나는 것 같아요.

아주머니: 네, 알겠어요. 제가 사람을 불러 줄게요. 아마 내일 수리하러 갈 거예요.

학생: 네, 감사합니다.

[2~3]

여자: 안녕하세요? 아랫집 605호에 사는 사람입니다. 말씀드릴 것이 있어서 찾아왔습니다.

남자: 무슨 일이시죠?

여자: 네. 얼마 전부터 저희 화장실 천장이 젖어서 얼룩이 생겼고 가끔은 물이 떨어지기도 해서 관리사무소에 말씀드렸어요. 담당자가 와서 보셨는데 이것은 윗집 화장실 문제라고 하셨어요. 이집 화장실 바닥에서 물이 새는 것 같아요.

남자: 정확하게 어느 부분인가요?

여자: 세면대 윗부분의 천장이 제일 심하고 어제부터는 욕조 위쪽에서도 물이 떨어져요.

남자: 네, 알겠습니다. 무엇이 문제인지 사람을 불러서 확인해야 할 것 같아요. 그런데 저희 집 화장실뿐만 아니라 605호 화장실도 봐야 할 텐데 시간 괜찮으세요? 605호 천장 수리도 제가 비용을 내야 하니까 한 번에 보는 게 나을 것 같아요. 수리하시는 분과 함께 방문하겠습니다. 우선 빨리 확인을 하고 어떻게 수리를 할지 결정해야 할 것 같네요.

여자: 네, 언제 오실 거예요?

남자: 제가 수리하는 곳에 전화해서 약속을 잡고 다시 전화 드리겠습니다. 전화번호 좀 알려 주세요.

[4~6]

학생: 기숙사에 살고 있는 학생 대표로서 몇 가지 말씀드릴 것이 있습니다. 우선 세탁실 관리가 너무 안 되고 있는 것 같습니다. 세탁기를 돌리면 빨래에 더러운 것이 묻어 나옵니다. 이럴 때는 정말 불쾌합니다. 또 세탁기가 너무 부족합니다. 기숙사 인원이 100명이 넘는데 세탁기가 10대 밖에 없습니다. 그 10대가 다 잘 작동되는 것도 아니고 그 중에 3대는 항상 고장 난 상태입니다. 수리를 해 달라고 말씀드려도 일주일 이상을 기다려야 수리를 하러 오십니다. 그리고 고장이 너무 잘 나는 세탁기는 새 것으로 교체해 주셨으면 좋겠습니다. 평소에 사용할 수 있는 세탁기는 5대도 안 되는 것 같습니다.

직원: 세탁실과 관련된 문제는 저희도 알고 있습니다. 하지만 세탁기를 교체한 지 1년도 안 되었는데 자꾸 이런 문제가 생겨서 저희도 곤란해요. 우선은 학생들이 조금 더 조심해서 사용하는 수밖에 없어요. 그리고 세탁기는 다음 달에 2대를 더 구입할 예정입니다.

학생: 또 1동은 밤에 너무 춥다고 합니다. 바로 뒤에 산이 있어서 그런지 다른 동에 비해서 더 추운데 난방이 잘 안 되고 있는 것 같다고 학생들의 불만이 많습니다.

직원: 그럼 1동의 난방 온도를 올리겠습니다.

학생: 2동도 휴게실 청소가 잘 되고 있지 않다고 합니다. 물론 학생들이 각자 사용한 후에 정리를 해야 하지만 쓰레기통이 항상 차 있고 정수기가 낡았는데 관리도 안 되어서 물에서 냄새가 난대요.

직원: 정수기는 정수기 회사 직원이 한 달에 한 번 와서 청소를 해 주고 있습니다. 앞으로는 2주에 한 번 오셔서 청소를 해 달라고 할게요. 쓰레기통 문제도 청소를 하시는 분들께 말씀 드리겠습니다.

학생: 네. 그럼 오늘 팀장님과 이야기한 것을 제가 게시판에 올려놓겠습니다.

8과 <2> 작은 용기

I. 준비해 봅시다

관리 사무소에서 알려 드립니다. 잠시 후 10시부터 505호에서 베란다 수리 공사가 시작될 예정입니다. 미리 알려 드린 대로 베란다 바닥과 벽을 모두 수리하는 공사여서 두 시간 정도는 큰 소음이 있을 것 같습니다. 또한 베란다 밖으로 먼지가 많이 떨어질 수도 있다고 하니 일 층부터 사 층까지의 주민 여러분께서는 잠시만 창문을 닫아 주시기 바랍니다. 빠른 시간 내에 끝내도록 하겠습니다. 불편을 드려서 죄송합니다.

9과 <1> 우리 사회의 가짜 뉴스

II. 들어 봅시다

[1]

남: 리에 씨, 배우 박경진에 대한 뉴스가 사실은 가짜였대요. 혹시 들으셨어요?
여: 네, 처음에는 진짜인 줄 알고 깜짝 놀랐어요. 요즘 가짜 뉴스가 넘쳐나서 어떤 것이 진짜이고 어떤 것이 가짜인지 알 수가 있어야지요.
남: 그러게요. 도대체 그런 가짜 뉴스들을 왜 만드는 걸까요?
여: 사람들이 가짜 뉴스를 만드는 이유는 돈을 벌 수 있기 때문이에요. 가짜 뉴스를 클릭해서 보는 사람들이 많으면 많을수록 그 뉴스를 만든 사람이 광고로 돈을 많이 벌 수 있어요. 또 정치적인 목적으로 가짜 뉴스를 만드는 사람들도 있어요. 예를 들면, 자기가 좋아하는 정치인을 긍정적으로 보이게 하거나 싫어하는 정치인을 부정적으로 보이게 하기 위해서 가짜 뉴스를 만들기도 해요.
남: 뉴스를 볼 때 진짜인지 가짜인지 잘 살펴봐야겠어요.

[2~3]

남: 배우 박경진과 김선영이 사귄다는 뉴스를 들었어?
여: 그거 가짜 뉴스래. 나는 처음에 들었을 때 의심이 되던데. 두 사람이 너무 안 어울리잖아.
남: 가짜 뉴스가 아닌 것 같아. 내가 직접 박경진이 인터뷰하는 영상을 온라인에서 봤어. 자기가 김선영과 사귀고 있다고 말하던데.
여: 나도 그 영상을 봤는데 그것도 만들어진 거야.
남: 그게 어떻게 가능하지? 박경진이 직접 이야기하는 영상이었는데 어떻게 그런 걸 가짜로 만들 수가 있어?
여: 인공지능(AI) 기술을 이용해서 가짜 영상을 만들 수 있대. 목소리와 얼굴 표정, 입술이 움직이는 모양까지 진짜 인물과 구분하기 어려울 정도로 비슷하게 만들 수 있대.
남: 정말 신기하다. 발전된 기술을 이용해서 가짜 영상을 만드는 사람들이 앞으로 많아질 수 있겠어.
여: 이제 가짜 뉴스뿐만 아니라 가짜 영상까지 조심해야 해. 꼭 사실 여부를 확인해 봐야해.

[4~6]

우리는 가짜 뉴스가 넘쳐나는 사회에서 살고 있습니다. 가짜 뉴스란 정치적인 목적이나 돈을 벌기 위한 목적으로 만들어진 거짓 정보를 말합니다. 과거에 비해서 최근에 나오는 가짜 뉴스들은 내용도 다양해지고 형식도 더 뉴스처럼 보이도록 만들어져서 진짜 뉴스와 가짜 뉴스를 구분하기가 점점 어려워지고 있습니다. 요즘은 가짜 뉴스를 만들어 주는 휴대 전화 앱과 인터넷 사이트까지 등장해서 누구나 쉽게 가짜 뉴스를 만들 수 있다고 합니다.

가짜 뉴스들을 살펴보면 몇 가지 특징을 발견할 수 있습니다. 첫째, 글을 쓴 사람이 분명하지 않습니다. 진짜 뉴스에는 기자의 이름이 나오는데 가짜 뉴스에는 기자의 이름이 없거나 이름이 있어도 실제로 진짜 기자인지 확실하지 않고 실제 있는 사람인지도 확인할 수 없습니다. 둘째, 근거가 분명하지 않습니다. 예를 들면 외국의 유명한 연구소에서 발표한 연구 결과라고 말하면서 근거를 보여 주지만 그런 연구소가 실제로는 없는 경우가 대부분입니다. 셋째, 제목이 자극적인 뉴스들이 많습니다. 뉴스의 제목이 자극적이면 더 많은 사람들이 관심을 갖고 그 뉴스를 보기 때문입니다.

에스엔에스(SNS)를 통해서 빠르게 전달되는 가짜 뉴스들 때문에 우리 사회에 많은 문제들이 생기고 있습니다. 가짜 뉴스들 때문에 우리 사회의 믿음이 흔들리고 큰 피해를 보는 개인이나 단체도 있습니다. 특히 정치적인 목적으로 만들어진 가짜 뉴스들은 우리 사회를 분열시키고 있습니다. 이런 문제들 때문에 정부는 가짜 뉴스를 만들지 못하게 하는 법을 만들 계획이었지만 반대하는 사람들이 많아서 만들지 못하고 있습니다. 반대하는 사람들은 가짜 뉴스를 만들지 못하게 하는 정부의 법은 표현의 자유를 해칠 수 있다고 합니다. 또한 정부가 마음에 들지 않는 뉴스를 가짜 뉴스로 선별할 수 있기 때문에 가짜 뉴스를 막는 법은 위험하다고 주장합니다.

9과 <2> 회사의 휴대 전화 사용 제한

I. 준비해 봅시다

미정: 우진 씨, 어제 우리 회사에서 휴대 전화 사용을 제한하는 앱을 설치하라고 했잖아요. 우진 씨는 그 앱을 설치했어요?
우진: 아니요. 저는 설치하고 싶지 않다고 팀장님께 말씀드렸어요. 미정 씨는 설치했어요?
미정: 아직 안 했어요. 지금 고민 중이에요. 우진 씨가 설치하고 싶지 않다고 하니까 팀장님께서는 뭐라고 하셨어요?
우진: 저처럼 앱 설치를 반대하는 직원들은 출근할 때 회사 정문 앞에서 휴대 전화의 카메라 렌즈에 스티커를 붙이고 들어와야 한대요.
미정: 그럼 저도 앱을 설치하지 않고 휴대 전화의 카메라 렌즈에 스티커를 붙이고 들어오겠다고 팀장님께 말씀드려야겠어요.

10과 <1> 일과 생활

II. 들어 봅시다

[1]

에릭: 유키 씨, 얼굴이 좋아 보이네요.
유키: 네, 요즘 퇴근 후에 저녁마다 운동을 하거든요.
에릭: 무슨 운동을 하는데요?
유키: 요가를 시작했어요. 요가를 하니까 스트레스도 풀리고 좋더라고요.
에릭: 저도 일만 아니면 운동을 좀 하고 싶은데 시간이 없네요. 그런데 유키 씨도 항상 회사 일이 많아서 바쁠 텐데 언제 운동을 하세요?
유키: 얼마 전에 회사를 옮겼거든요. 전에 다니던 회사는 월급이 많았지만 일도 많았어요. 그래서 밀린 일을 집에 가지고 와서 저녁이나 주말에도 일해야 했어요. 그러다 보니까 건강도 안 좋아지고 제 생활이 없어지는 것 같아서 고민했는데 마침 좋은 기회가 생겨서 옮겼어요. 연봉은 좀 줄었지만 개인 시간이 많아져서 건강도 챙기고 가족들하고 시간을 보낼 수 있으니까 만족스러워요.

[2~3]

최근 주 52시간 근무가 시작되고 일과 생활의 균형을 중요하게 생각하는 문화가 생기면서 기업마다 일하기 좋은 근무 환경을 만들기 위해서 노력하고 있습니다. 올해 한 조사에서 일하기 좋은 회사로 뽑힌 기업들의 제도를 살펴보겠습니다.

세계 우유는 작년부터 매월 둘째 주 월요일에 모든 직원이 쉬는 날을 만들었습니다. 또 오전 7시부터 11시까지 자기가 원하는 시간에 출근할 수 있는 제도를 마련했습니다. 그 밖에도 생일에는 오전에만 근무할 수 있도록 했습니다.

세종 전자는 직원들에게 다양한 휴가를 주고 있습니다. 먼저 5년, 10년, 15년 이렇게 5년마다 한 달 동안 휴가를 낼 수 있는데 근무 기간에 따라서 50만 원에서 500만 원까지 휴가비도 줍니다. 자녀가 있는 직원들은 남녀에 상관없이 아이가 초등학교에 입학하면 한 달 동안 휴가를 낼 수 있습니다.

국제 식품은 휴가나 쉬는 날 그리고 퇴근 후와 같이 업무 시간이 아닐 때에는 전화나 이메일 등으로 일 때문에 연락하는 것을 금지하고 있습니다. 그리고 퇴근 시간이 가까워졌을 때 일을 시키는 것도 금지하고 있습니다.

이러한 제도들을 통해서 직원들은 충분히 쉴 수 있고 자기 생활을 즐길 수 있어서 크게 만족하고 회사의 분위기도 좋아졌다고 합니다.

[4~6]

철학자 토마스 모어는 그의 책 〈유토피아〉에서 하루에 6시간 일하는 것이 사람이 인간답게 살 수 있는 적당한 노동 시간이라고 했습니다. 실제로 연구 결과에 따르면 하루에 6시간 정도 일하는 것이 가장 효과적이라고 합니다. 여러분은 하루에 몇 시간 일합니까?

'월화수목금금'이라는 말이 유행할 정도로 세계적으로 한국인의 근무 시간은 긴 것으로 유명합니다. 특히 한국 사회는 경쟁 사회로 성과가 중요하고 모든 것이 빨리 변하기 때문에 남들에게 뒤떨어질까 봐 쉬지 못하고 자는 시간과 노는 시간을 줄이면서 일하는 사람들이 많습니다. 그래서 일중독이 되는 사람들이 많은데 일중독인 사람들은 잠을 자는 시간도 아깝고 일을 하지 않으면 마음이 불안해지기 때문에 잠시도 쉬지 못합니다.

얼마 전까지도 우리 사회는 일 중독자를 부지런하고 능력이 있는 사람이라고 생각했기 때문에 회사에서 환영하는 분위기였습니다. 하지만 일중독에 걸린 사람은 인간관계에 관심이 없어서 가족이나 동료들과 문제가 생기게 되고 오랜 시간 일하기 때문에 항상 스트레스와 피로가 쌓여서 병에 걸리기 쉽습니다.

일중독을 피하려면 먼저 하던 일을 멈출 수 있어야 합니다. 일할 때 1~2시간마다 차를 마시거나 동료와 대화를 나누면서 잠깐씩 쉬는 것이 좋습니다. 두 번째는 일과 관련이 없는 취미 생활을 합니다. 정신적인 일을 하는 사람은 몸을 많이 움직이는 운동 같은 활동을 하고 몸을 쓰는 일을 하는 사람은 음악 듣기 같은 정신적인 활동이 도움이 됩니다. 세 번째, 일과 관련이 없는 인간관계를 갖습니다. 가족이나 친구와 대화를 자주 하면서 즐거운 시간을 보냅니다. 이렇게 일과 휴식을 분명히 나누고 계획을 세워서 지키도록 노력하는 것이 좋습니다.

10 <2> 편리한 의사소통 수단

I. 준비해 봅시다

여러분의 이메일 주소는 무엇입니까? 거기에 재미있는 모양의 특별한 문자가 있지요? 네, 바로 골뱅이(@)입니다. 나라마다 부르는 이름도 다양한데 이것이 어떻게 쓰이게 됐는지 아십니까? 처음 이메일 주소를 만들 때 사용하는 사람의 이름과 메일을 보낼 곳을 나눌 필요가 있었습니다. 그때 이메일을 만든 사람은 어떤 것을 써야 문제가 생기지 않을지 고민이 많았다고 합니다. 그러던 중 골뱅이 문자가 보였고 사람들이 잘 쓰지 않을 것 같아서 그것을 선택했다고 합니다. 현대인의 의사소통 방식을 크게 바꾸어 놓은 이메일! 이메일이 없었다면 오래 전부터 쓰였지만 거의 사라져 가던 골뱅이 문자는 벌써 없어졌을지도 모릅니다.

모범 답안

1-1 골고루 먹다 보니까 건강이 많이 좋아졌어요.

Ⅰ. 준비해 봅시다.

2. ③

Ⅱ. 들어 봅시다.

1. ②
2. ☑ 가격이 싸다.
   ☐ 종류가 많다.
   ☑ 영양이 풍부하다.
   ☐ 요리 시간을 줄일 수 있다.
3. ③
4. ①
5. ③
6. ④

Ⅲ. 정리해 봅시다.

생략

1-2 수면 습관

Ⅰ. 준비해 봅시다.

2.

순위	%	잠들지 못하는 이유
1위	27%	미래에 대한 걱정
2위	12%	늦은 시간까지 계속되는 모임
3위	10%	취업을 위한 스펙 쌓기

Ⅱ. 읽어 봅시다.

1. ①
2. ③
3. ③
4.

1)	매일 일정한 시간에 잠들고 일어나야 한다.
2)	잠자기 6시간 전부터는 카페인이 들어있는 음료나 음식을 먹지 말아야 한다
3)	자기 전에 휴대전화를 사용하지 말아야 한다.

Ⅲ. 정리해 봅시다.

생략

2-1 한국어 학습 동기와 목표

Ⅰ. 준비해 봅시다.

2. ④

Ⅱ. 들어 봅시다.

2. 노라: 한국어 능력 시험 4급
   주앙: 자막없이 한국 드라마 60% 이해하기
2. ①
3. ①-소리가 아름답다. ②-글자가 예쁘다.
   ③-신들의 이야기를 좋아한다.
4. ③
5. ☐ 시작이 중요하다.
   ☑ 가능한 목표를 세운다.
   ☐ 재미있는 것만 공부한다.
   ☑ 중요한 일부터 시작해야 한다.
6. ④

Ⅲ. 정리해 봅시다.

생략

2-2 자신에게 맞는 학습 방법

Ⅰ. 준비해 봅시다.

2. ④

Ⅱ. 읽어 봅시다.

1. ④
2. 1) X 2) X 3) O
3.

지능	언어	음악	자기 이해	논리 수학	시공간	대인 관계	신체 운동	자연 친화
학습 방법	③	⑥	⑦	⑤	⑧	④	①	②

4. ②

Ⅲ. 정리해 봅시다.

생략

◆ 복습 (1~2과)

1. ③
2. ☑ 건강과 음식에 관한 강연하기
   ☐ 아픈 사람들을 위해 건강식 만들기
   ☐ 병을 낫게하는 좋은 재료 찾아 다니기
   ☑ 건강한 식사 방법을 알고 싶어 하는 사람과 상담해 주기
3. ③
4. 생략

3-1 나의 성격

Ⅰ. 준비해 봅시다 .

2. ②

Ⅱ. 들어 봅시다

1. ②
2. ③
3. ②
4. ②
5. ②
6. ☐ 상담을 신청한다.
   ☑ 동아리에 가입한다.
   ☑ 학과사무실을 자주 방문한다.
   ☐ 친구와 함께 결정하는 연습을 한다.

Ⅲ. 정리해 봅시다.

생략

3-2 성격에 대한 고민

Ⅰ. 준비해 봅시다.

2. 직접 방문, 인터넷 게시판에 상담글 올리기

Ⅱ. 읽어 봅시다.

1. ③
2. ②, ④
3. ④
4. 1) 내일 수업할 내용을 틀리지 않을 때까지 반복해서 연습하기
   2) 수업할 장소에서 직접 가서 연습하기
   3) 가족이나 친구 앞에서 연습하기
   4) 자신을 긍정적으로 바라보기

Ⅲ. 정리해 봅시다.

생략

4-1 진로 고민

Ⅰ. 준비해 봅시다.

2. ④

Ⅱ. 들어 봅시다

1. ☑ 영어 공부를 하려고
   ☐ 취업 준비를 하려고
   ☐ 자격증을 준비하려고
   ☑ 휴식 시간을 가지려고
   ☑ 다양한 경험을 할 수 있어서
   ☑ 자신이 원하는 일을 생각해 보려고
2. ④
3. ③
4. ④
5. 1) 여 2) 여 3) 남
6. ②

Ⅲ. 정리해 봅시다.

생략

4-2 취업 박람회

Ⅰ. 준비해 봅시다.

2. ☑ 미리 지원하기
   ☑ 이력서 준비하기
   ☐ 면접 복장 준비하기
   ☐ 담당자 정보 알아보기
   ☐ 기업 홈페이지에 가입하기
   ☑ 무슨 일을 하는 회사인지 알아보기

Ⅱ. 읽어 봅시다.

1. ③
2.

기존 면접	인공지능 면접
정해진 시간, 장소에서 면접을 본다.	지원자가 원하는 시간과 장소에서 인터넷으로 면접을 본다.
지원자 들 중 일부만 면접을 볼 수 있다.	지원자 전체 면접이 가능하다.

3. ①
4.

박람회가 열리는 날	이번 달 10일
박람회 장소	서울 코엑스몰
박람회의 특징	국내에서 처음으로 인공지능 면접을 진행한다.
참가 기업	뛰어난 기술로 세계적으로 인정받는 중소기업
인공지능 면접이란?	컴퓨터로 면접을 보는 것
박람회에서 열리는 이벤트	좋은 자기소개서 쓰는 방법에 대한 강의, 진로 상담 등

Ⅲ. 정리해 봅시다.

생략

◆ 복습 (3~4과)

1. 1) 직접 체험해 본다 2) 자서전을 읽는다.
   3) 심리검사를 받는다.
2. ③
3. ☑ 진로상담 ☐ 직업교육 ☑ 학과정보
   ☑ 직업정보 ☐ 일자리 소개 ☑ 진로심리검사
4. 생략

5-1 다양한 소비형태

Ⅰ. 준비해 봅시다.

2. ④

Ⅱ. 들어 봅시다.

1. ③
2.

장점	단점
• 국내 가격보다 싸게 살 수 있다. • 국내에서 팔지 않는 제품을 살 수 있다.	• 수리를 받기 어렵다. • 배송 기간이 길다. • 반품이나 환불 과정이 복잡하다.

3. 1) O 2) X
4. 몰링은 복합 쇼핑 쇼핑몰에서 쇼핑과 여가 활동을 함께 즐기는 소비 형태를 말한다. / 몰링은 복합 쇼핑몰에서 쇼핑과 여가 활동을 함께 즐기는 것이다.
5. ☑ 영화를 본다. ☐ 숙박 시설을 이용한다.
☑ 쇼핑을 한다. ☐ 요리를 한다. ☑ 수영을 한다.
☑ 공연을 본다.
6. ④

Ⅲ. 정리해 봅시다.

생략

5-2 결제 방식의 변화

Ⅰ. 준비해 봅시다.

2. ③

Ⅱ. 읽어 봅시다.

1. (나) → (다) → (마) → (가) → (라)
2. ③
3. ①
4. 결제 방식의 번거로움 때문에 고객이 구매를 포기하는 것을 막을 수 있어서

Ⅲ. 정리해 봅시다.

생략

6-1 일상생활 속의 불만

Ⅰ. 준비해 봅시다.

2. ③

Ⅱ. 들어 봅시다.

1. ③
2. ③
3. ②
4. 노키즈존은 아이를 무시하는 것이다. (여)
외국에는 이미 노키즈존이 많이 있다. (남)
아이들은 가게의 손님들을 불편하게 한다. (남)
많은 부모는 공공장소에서 아이를 잘 관리한다. (여)
5. ④
6. ④

Ⅲ. 정리해 봅시다.

생략

6-2 힘이 되는 말

Ⅰ. 준비해 봅시다.

2. ②

Ⅱ. 읽어 봅시다.

1. 라 - 나 - 가 - 다
2. 자신의 아버지가 장애인이고 집이 가난하다는 것을 사람들이 알게 되기 때문에
3. 김학산의 격려/ 따듯한 말
4. ④

Ⅲ. 정리해 봅시다.

생략

◆ 복습 (5~6과)

1. 물물 교환은 서로 교환하고 싶은 물건이 다를 수도 있고 교환할 수 있는 양의 기준도 정하기 힘들었다. 따라서 객관적인 교환 수단이 필요했다.
2. ③
3. 1 - 4 - 3 - 2 - 5
4. ②

7-1 공공 질서 지키키

Ⅰ. 준비해 봅시다.

2. ④

Ⅱ. 들어 봅시다.

1. ④
2. ☑ 옆 사람하고 떠드는 사람이 있다.
☐ 작은 소리로 통화를 하는 사람이 있다.
☐ 핸드폰을 무음으로 해 놓는 사람이 있다.
☑ 책이 찢어져서 내용을 알 수 없었던 적이 있다.
☑ 메모가 되어 있거나 그림이 그려져 있는 책도 있다.
3. ③
4. ③
5. 1) 흡연실이 부족해서
2) 흡연실의 관리가 잘 되고 있지 않아서
6. ④

Ⅲ. 정리해 봅시다.

생략

7-2 제주도의 맛집

Ⅰ. 준비해 봅시다.

☑ 사진 찍기
☑ 줄 서서 기다리기
☐ 식당 벽에 사인하기
☐ 친구들과 떡볶이 먹기
☑ 에스엔에스(SNS)에 사진 올리기

Ⅱ. 읽어 봅시다.

1. ②
2. ②
3. ③

4. ☑ 빙떡은 메밀과 파, 무로 만든다.
☐ 20년 전부터 빙떡을 간식으로 먹기 시작했다.
☐ 글쓴이가 어렸을 때 할머니와 함께 먹던 음식이다.
☑ 맛집으로 유명한 제주 빙떡집에는 생각보다 사람이 없었다.

Ⅲ. 정리해 봅시다.

생략

8-1 수리와 요청

Ⅰ. 준비해 봅시다.

2. (5) 택배 서비스를 신청한다.
(3) 수리 / 교환 신청서를 쓴다.
(1) 고객 센터에 전화한다.
(4) 물건을 포장한다.
(2) 상담을 한다.
(6) 물건을 보낸다.

Ⅱ. 들어 봅시다.

1. ②
2. ④
3. ☑ 윗집 사람이 전화해서 방문 시간을 알려줄 것이다.
☐ 605호에 사는 사람이 수리를 한 후 비용을 낼 것이다.
☑ 605호에 사는 사람은 먼저 관리사무소에 문제를 이야기했다.
☐ 관리 사무소 담당자는 어디에 문제가 생겼는지 잘 모른다고 했다.
4. ③
5. ④
6. 1동의 경우 밤에 너무 춥다고 하는 의견이 있었는데 난방 온도를 올리겠다고 하셨습니다.
2동의 경우 휴게실이 관리가 안 되고 있다는 의견을 전달했습니다. 정수기는 앞으로 2주에 한 번 와서 청소를 해 달라고 하겠다고 하셨습니다.

Ⅲ. 정리해 봅시다.

생략

8-2 작은 용기

Ⅰ. 준비해 봅시다.

2. ①

Ⅱ. 읽어 봅시다.

1. ④
2. ③
3. 이웃과 잘 지내고 싶어서 양해를 구하려고
4. ①

Ⅲ. 정리해 봅시다.

생략

◆ 복습 (7~8과)

1. ①
2. ④
3. ③
4. 생략

9-1 우리 사회의 가짜 뉴스

Ⅰ. 준비해 봅시다.

2. ④

Ⅱ. 들어 봅시다.

1. ②
2. ②
3. ④
4. ④
5. ③
6.

1)	글을 쓴 사람이 분명하지 않다.
2)	근거가 분명하지 않다.
3)	제목이 너무 자극적이다.

Ⅲ. 정리해 봅시다.

생략

9-2 회사의 휴대 전화 사용 제한

Ⅰ. 준비해 봅시다.

2. ②

Ⅱ. 읽어 봅시다.

1. ③
2. ④
3. ③
4. ③

Ⅲ. 정리해 봅시다.

생략

10-1 일과 생활

Ⅰ. 준비해 봅시다.

2. ③

Ⅱ. 들어 봅시다.

1. ②
2. 일과 생활의 균형을 중요하게 생각하는 문화가 생겨서
3. 세계 우유 - 생일에는 오전에만 근무할 수 있다.
   오전 중에 시간을 선택해서 출근할 수 있다.
   세종 전자- 5년마다 한 달 동안 휴가를 낼 수 있다.
   아이가 초등학교에 입학하면 휴가를 낼 수 있다.
   국제 식품- 퇴근 시간이 가까워졌을 때 일을 시킬 수 없다.
4. ③
5. ④
6. ②

Ⅲ. 정리해 봅시다.

생략

10-2 편리한 의사소통 수단

Ⅰ. 준비해 봅시다.

2. ③

Ⅱ. 읽어 봅시다

1. 마 - 가 - 다 - 나 - 라
2. ③
3. 1) 건강에 좋지 않은 영향을 끼친다.
   2) 기억력이 떨어진다.
   3) 직접적인 인간관계가 약해진다.
4. ③

Ⅲ. 정리해 봅시다.

생략

◆ 복습 (9~10과)

1. ④
2. ④
3. ②
4. ③

색인

어휘 색인

ㅈ

ㅊ

ㅋ

ㅌ